会話が苦手な人のための

すごい伝え方

井上裕之

Hiroyuki Inoue

きずな出版

どんな相手であれ、無理に相手に共感することも、
顔色をうかがうことも、
自分の心にウソをつくこともなく、
心地よい会話ができる。

どんなときでも、頭が真っ白になることなく、
サラリと答え、上手に伝えることができる。

それが、「すごい伝え方」。

すごい伝え方の35のコツ

① 言葉は「理想の自分」のために使う
② インパクトに残る言葉を、相手の記憶に刻み込む
③ 会話のなかの「とっさのひと言」に意識を向ける
④ 気負いすぎず、リラックスして答える
⑤ あいまいな伝え方をやめる
⑥ 「相手がどう捉えようと、私はこう思う」を信じる
⑦ テクニックよりも、思いを重視する
⑧ 「いい言葉」を習慣にする
⑨ 「すごい伝え方」の7つの技術を知る

すごい伝え方の35のコツ

⑩　本心にないことを伝えるのではなく、まずは「聞くだけ」に徹する

⑪　相手の思考に合った伝え方を心がける

⑫　押しつけずにスマートに伝える技、「自分だったら○○」を使う

⑬　自尊心を傷つけない、むやみに話しかけない

⑭　質問返しで、相手の真意を知る

⑮　わからない場合は、第三者の声を使うという手もある

⑯　結局は自分で決めるしかないのだから、完璧な答えを追い求めるのはやめる

⑰　自分と相手が「知識」「感情」「行動」の、どのタイプか知る

⑱　男性は「行動」タイプ、女性は「感情」タイプが多い傾向にある

すごい伝え方の35のコツ

⑲ いま話している相手の年代と近い「自分の身近な人」を思い浮かべる
⑳ 自分というブランドを確立する
㉑ ２人きりの会話から、相手が求める答えを導く
㉒ グループでのやりとりは、うまく距離をとりながら付き合う
㉓ ２つの極論を与え、相手に決断させる
㉔ 否定されない会話が、相手を満たすことを知る
㉕ あえて負けて、最後に勝つ
㉖ 相手の顔色ばかりうかがうのはやめる
㉗ 何も考えずに褒めるのはやめる

すごい伝え方の35のコツ

㉘ 特別扱いをして、嫉妬を買わないようにする
㉙ 無駄な付き合いは、勇気をもって断ち切る
㉚ 理想のコミュニケーションをイメージする
㉛ 日頃からインプットを欠かさず、潜在意識を上質なものにしておく
㉜ 会話で陥りがちな3つの思考パターンを外す
㉝ よく聞かれる質問には、あらかじめ答えを用意しておく
㉞ 普段からポジティブな会話を心がける
㉟ あなたは、あなたらしい伝え方をすればいい

Prologue

伝え方に正解なんて、ない。

この本を手に取っていただき、ありがとうございます。

『会話が苦手な人のためのすごい伝え方』というタイトルを見て、この本を手に取ってくださったあなたに、最初にお伝えしたいことがあります。

それは、

「あなたはとても真面目で、いい人」

と、いうことです。

ご存じの方もいると思いますが、私は作家という顔をもちながら、北海道で歯科医院を経営しています。

歯科医師という仕事はもちろん歯の治療がメインですが、私は治療だけでなく患者さんに寄り添い、患者さんを理解し、患者さんと信頼関係を培うことを大前提としています。

31歳のときに開業し、今年で25年目になりますが、患者さんと信頼関係を築くために必要なもの。それは伝える力、つまり「回答力」であることに気づきました。

会話は「質問」と「回答」の繰り返しです。

どちらか一方が連続的に話をするだけではいい会話、いいコミュニケーションとは言えませんが、一方的に話をして自己満足している人が多いのも事実です。

私が冒頭で「あなたはとても真面目でいい人」とお伝えしたのは、あなたが「一方的に話をして自己満足している人ではない」からです。

自分は会話が苦手と自覚し、その苦手意識を打破したいと思っているからこそ、この本を手にしてくださった。

つまり、自分を成長させ、会話を通していい人間関係を築きたいと無意識に感じている人。だからこそ、「真面目でいい人」なのです。

人は、会話なしでは生きていけません。

ビジネスや恋愛、友だち関係、家族など、あらゆるシーンで私たちは会話することを求められます。

気心の知れた人の前なら、言葉に詰まっても焦ることはないかもしれませんが、オフィシャルな場や大勢の前でとっさに何かを質問され、すぐに答えなければならないシーンに出くわすことも少なくありません。

・プレゼンやミーティングの場で、予期せぬ質問をされたとき
・突然マイクを渡されて祝辞を求められた、友人や親族の結婚式のとき
・子どもの懇談会やイベントなどで、急きょ挨拶を頼まれたとき

この本を手に取ってくださったあなたも、まさにこんな「とっさの回答力」に自信がない人なのかもしれません。

私はいままであらゆる世代、職業の人たちと会話をしてきましたが、回答するという論点において、ひとつ気づいたことがあります。

それは「伝え方に正解はない」ということです。

そもそも、人は誰かに何かを相談したいと思ったとき、無意識にその悩みに共感してくれる人を選んでいることにお気づきでしょうか？

上司の愚痴を聞いてほしいときは、その上司のことを嫌いな同僚を選んで話をしていますし、新しい何かを始めたいと思ったら、起業して成功している友だちに話を聞いてもらっています。

このように、自分に共感してくれる人を無意識に選んでいます。

それを知らず、「とにかく相手に共感しなくては」という強迫観念に捉われてしまったり、また、オフィシャルなシーンほど「みんなが納得することを言わなければ」

と気負うから、さらに言葉に迷い、それがかえって相手に不信感を抱かせてしまっている可能性があります。

そして、「うまく答えられなかった……」「伝わらなかったかも……」という後悔の念に駆られ、自分の会話力に自信をもてずにいるのです。

でも、大丈夫。伝え方に正しい答えなどありません。ましてや、誰もが納得し、称賛する答えなど存在しません。

しかし、そうとわかっても、会話力、回答力をアップすることはできませんよね？

では、具体的にどうしたらいいのでしょうか。

その答えは、あなたの「自分軸」を確立することが近道だと私は考えます。

あなたという人間はこの世に一人しかいません。

そして誰でも、自分しかもっていないオリジナルの思考、つまり「自分軸」がかならずあります。

その「自分軸」こそが、あなたの会話を手助けする要《かなめ》となるのです。

自分軸を確立し、身にまとえば、怖いものはありません。

どんな相手であれ、自分軸に沿った言葉を口にするだけで、無理に相手に共感することも、顔色をうかがうことも、自分の心にウソをつくこともなく、心地よい会話ができるようになります。


これが、「すごい伝え方」なのです。


この本はタイトルのとおり、「自分は会話が苦手だ」と悩んでいる人のために向けて書きました。

しかし、手っ取り早く会話上手になるためのノウハウ本とは少々違います。

あなたが少しでも気持ちよく会話をすることができるために、自分軸を確立するための言葉選びを、「伝え方」という論点から詳しくお話していきます。

すごい伝え方って??

あれこれとスキル“だけ”を
追い求めずに…

自分軸を確立することが近道!!

言葉はあなたの未来をつくります。

伝え方と回答力を磨き、自分軸を確立すれば、相手が誰であれ、言葉に詰まることも、ひるむこともありません。いかなるシーンであれ、迷いのない自信に満ちあふれた自分でいられます。

そして、そんな理想的な未来の自分をつくることができるのは、ほかの誰でもない、あなた自身です。

それでは、本題に入りましょう。

この本が、あなたとあなたのまわりの人の人生を、よりよいものに変えるためのきっかけとなりますように。

Contents

Chapter 1

「回答」を変えれば、人生が変わる

Chapter 2

「すごい伝え方」を磨く7つの技術

Chapter 3 シーン別　相手が求める答えをつかむコツ

Chapter

4

会話で絶対にやってはいけない6つのこと

Chapter 5

どんなコミュニケーションにも困らない自分を確立する

会話が苦手な人のためのすごい伝え方

Chapter 1

「回答」を変えれば、人生が変わる

回答力は、人生の不可能を可能にする

以前、こんな相談をされたことがあります。

「子育てをしながら仕事を続けるにはリスクがありますよね。子育てとキャリア、どちらを選べばいいのでしょうか？」

たしかに、これだけ働き方改革が叫ばれていても、子育てと仕事の両立に難しさを感じている女性はたくさんいます。

しかし、この女性の話を聞いているうちに、私は非常に違和感を抱きました。

なぜなら、どちらかひとつを選ぶことに焦点を当てており、2つを同時に手に入れるという思考を一切もっていないからです。

いまのあなたは3年前、5年前、10年前の自分がつくり上げたものです。

いままで培ってきた経験や知識、思考、習慣、人間関係が栄養となり、そっくりそのまま「いまのあなた」をつくっています。

おそらくこの女性は、2つのものを同時に手に入れるという経験をしたことがないのでしょう。**だからこそ、「どちらかひとつを選択しなくてはいけない」という思考に捉われています。**

しかし、考えてみてください。

大谷翔平さんが投手と打者、どちらかを選択していたら、間違いなくいまの彼はいないでしょう。

「世界の北野」と名高いビートたけしさんだって、芸人という土台のうえで、映画監督として世界で活躍しています。

私自身も、歯科医師と作家という2つの顔をもっていますが、どちらかひとつを選んでいたら、間違いなくいまの私はいません。

なぜそれが可能なのか？

それは、2つないし2つ以上のアイデンティティをもつことを、潜在意識のなかで「当然のこと」として認識しているからです。

潜在意識は主語を認識しません。よって、いい話も悪い話も、耳に入るものすべてが自分の未来をつくる情報として貯蔵されていきます。

であれば、この女性は「どちらか一方を選ぶためのアドバイス」よりも「子育てと仕事を両立している成功例」を聞くべきです。

そうすれば、子育てと仕事を両立するための具体的な知識を得ることができ、それが潜在意識に新しい情報として貯蔵されます。すると、身体が勝手に「2つを同時に手に入れる」方向へと動き出します。

つまり、自分を変えたいと思うなら、あなたの耳から入る言葉を「理想の自分」で埋め尽くすことが重要です。そして、そのためには、まず自分が発する言葉を意識して変えていくことが先決です。

言葉は武器です。

言葉ひとつで、相手を守ることも、相手を殺すこともできてしまいます。そう思えば、もう少し言葉をていねいに扱わなければいけないことに気づくはずです。

そして、自分の言葉が変われば、あなたがいままで「不可能」だと思っていたことが、無意識に「可能」へと勝手に動き出します。

つまり、伝え方の改革こそが、あなたの未来を救うカギなのです。

1
すごい伝え方のコツ

言葉は「理想の自分」のために使う

「すごい伝え方」で唯一無二の自分になる

あなたが「また会いたい」と思うのは、どんな人でしょうか？

容姿が美しいことに越したことはありませんが、「また話がしたい」とか「また一緒に仕事がしたい」と思うのは、少なからず相手を「信頼できる」と認識した人だと思います。

しかし、信頼できるだけでは印象は薄く、相手に忘れ去られてしまう可能性もあります。とくに相手が多忙な人ほど、数週間もすれば「その他大勢」の一人として、記憶から消えてしまう可能性が高いです。

もし、あなたがビジネスシーンにおいて「チャンスをつかみたい」と思うなら、「信頼できる人」よりも、「相手にインパクトを与える人」になることを意識するべきです。

相手にインパクトを与えるといっても、奇抜なファッションや派手なメイクをするというわけではありません。

相手にとって「いままでこんな人と会ったことがない」と思わせるような言葉を選び、会話をするのです。

たとえば、日本人は雑談のとっかかりとして、天気の話をしますよね。

「今日はとても気持ちのよい天気ですね」
「今日は蒸し暑いですね」
「雨が強いですが、濡れませんでしたか？」

など、誰もが言うようなありきたりなセリフでは、その会話をしたことすら覚えていません。

しかし、もしあなたが「今日はいい天気ですね」と言ったとき、相手が、

「私、天気のいい日って大嫌いなんですよ」

と答えたら、どう思いますか？

当然「え、なぜですか？」と、理由を聞きたくなりますし、それが自然と次の会話につながります。

こんなちょっとした会話のキャッチボールでも、相手にとって「あの人は天気が嫌いな人」という印象を与えることができれば、間違いなく相手の記憶に残ります。

つまり、選ぶ言葉ひとつで「その他大勢の人」になることも、はたまた「記憶に残る人」にもなれるのです。

2
すごい伝え方のコツ

インパクトに残る言葉を、相手の記憶に刻み込む

言葉はその人の「履歴書」である

歯科医師として多くの患者さんと会話をしたり、作家として取材を受けたり、また、一対一で相談を受けたりと、私はあらゆる世代、あらゆるジャンルの方と会話をする機会が非常に多いです。

そうしているうちに、相手のふとした言葉で、その人が普段どんな人なのか自然とわかってしまうようになりました。

最初は敬語で話をしていても、ふとプライベートに関する話題が出た瞬間や、想定外の出来事が起きた瞬間こそ、普段使っている言葉がポロリと出てしまいます。
たとえば打ち合わせ中などで、仕事内容とはまったく関係ない話題がポンっと出てきたとき、一瞬、場の空気が緩むことがありますよね。
そんなときこそ、素の自分が表れる瞬間でもあります。

たとえば、私がクライアントの方に「この時計、〇〇ですよね」と言ったとしましょう。すると、先ほどまで敬語を使っていたクライアントの方が「これ、超好きなんですよー。すっごいカッコいいですよね！」と答えたとします。
その会話から、「この方は普段はこんな言葉を使うのか。見た目は落ち着いているけど、意外と若いのかも？」と想像したりします。

つまり、気が緩んだ瞬間こそ、相手がどんな人なのかがわかるチャンスであり、逆に、自分の真価が問われるシーンでもあります。

あなたが普段どんな言葉を使っていようが、それはあなたの自由です。

本書は「正しい会話術」の本ではありませんので、それに対するレクチャーはしません。

しかしながら、普段使っている言葉は、意識して隠そうと思ってもなかなか隠し切れないものだと実感します。

つまり、言葉はその人の履歴書なのです。

名刺やSNSよりも、簡単に相手を知ることができるツールといえます。

3 すごい伝え方のコツ

会話のなかの「とっさのひと言」に意識を向ける

「いい答えをしよう！」と思わず、日常の会話と考える

いままで数多くの方たちと会話をしてきましたが、誰もが少なからず自分のことを「会話上手ではない」と思っていることに驚きます。

私がお付き合いさせていただいている方のなかには、私と同じように大勢の前で話をする方も数多くいらっしゃいます。

そんな方々ですら、「人前で話すのはいつになっても緊張する」と言います。

そして、みなさん口を揃えて「井上先生の〝とっさのひと言〟にかなう人はいない」と言ってくださいます。

以前から仲よくさせていただいている、ある有名な女優さんも「井上さんの回答力は神がかっている」とお褒めの言葉をくださいます。

しかし、当の私はいままで一度も「いい話をしてやろう」とか「カッコいいと思われるエピソードを話そう」と思ったことがありません。

思えば、イベントやセミナーなどで数人の先生方と一緒に登壇する際、私以外の先生は「本番で聞かれる質問事項を、事前に確認したい」と、スタッフにお願いする方もいらっしゃいます。

しかし、私は「事前質問は必要ない」と伝えます。

なぜなら、質問者の表情を見ながらでないと、相手の求める答えが見えてこないからです。

私はどんなシーンであろうと、質問者の表情や「気」から、相手がどんな答えを求めているのかを瞬間的に察したうえで、相手が求める言葉を選んでいます。

つまり、私は対面でなければ、いい会話をすることはできないと考えています。そのとき、その瞬間の相手の表情や言葉のイントネーションを知っておかないと、相手が求める言葉は出てきません。

よって、私はメールでの相談はどちらかというと苦手です。

顔が見えないぶん、相手の「気」を察することができず、その悩みの真意をつかむことが難しいからです。

しかし、SNS時代の昨今は、対面で話すよりも画面上で会話をするほうが本音を言えるという人も多いようです。

「会話に困ったら、とりあえずスタンプを押せばいい」

そんな薄いコミュニケーションに慣れてしまったせいで、それがさらに対面での会話を遠ざけてしまうという悪循環を引き起こしています。

そもそも、なぜこれだけ多くの人が「会話」に対して苦手意識を抱いているのでしょうか。**その理由として考えられるのは、「沈黙に対しての恐怖」が影響しているのではないでしょうか。**

しかしながら、気心の知れた友人や家族が相手なら、会話が途切れても「沈黙が怖い」と思うことはないでしょう。それに、意識せずとも、何かしら口にして答えているはずです。

つまり、沈黙に対して恐怖を抱いている人は「答えなくちゃいけない」と、気負いすぎてしまい、それがプレッシャーとなり、よけいに自分の首を絞めているのかもしれません。

ならば、相手が誰であれ、会話を「特別なもの」として認識せず、「日常の会話」と考えましょう。

何を答えようか考えた末に出てきた言葉よりも、無意識に出てきた言葉こそ、あなたのオリジナルの言葉であり、それがもっともあなたらしい伝え方です。

野球でも、力が入りすぎるとホームランは打てません。

リラックスしているときこそ、ホームランが打てるといいます。

プールのなかでも、力を抜けば身体は浮かびますが、緊張して身体が硬直していればバランスを失い沈んでしまいます。


会話もそれと同じです。


日常会話をする感覚でいれば、自然とリラックスして会話することができます。

自分がリラックスしていれば、相手にもその空気が伝わりますし、どんなシチュエーションであれ、相手からの会話のボールを上手に受け取ることも、かわすこともできるのです。

4 すごい伝え方のコツ

気負いすぎず、リラックスして答える

力を抜いて、答えよう

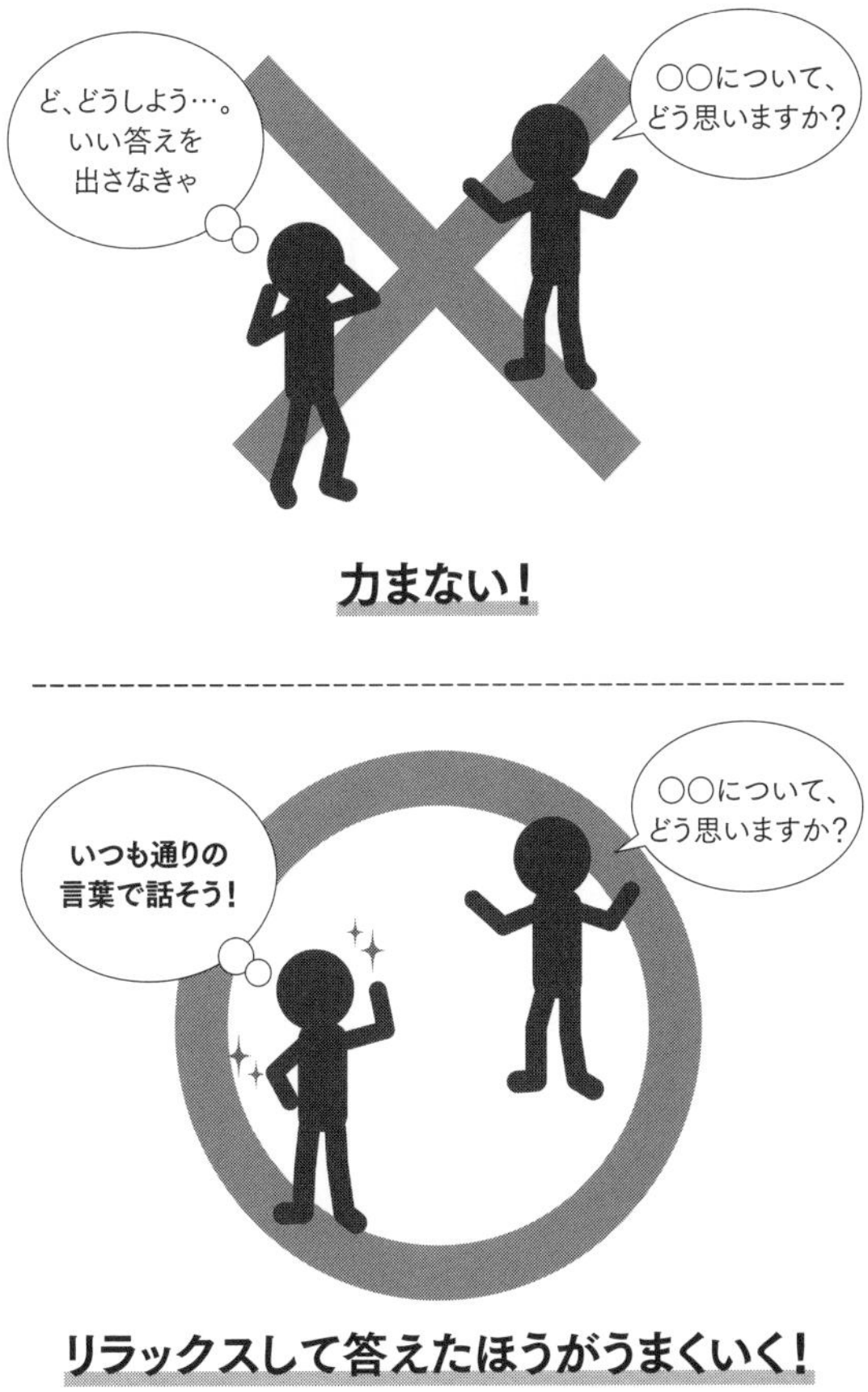
○○について、
どう思いますか?
ど、どうしよう…。
いい答えを
出さなきゃ
力まない!
○○について、
どう思いますか?
いつも通りの
言葉で話そう!
リラックスして答えたほうがうまくいく!

日本人の会話は、うっとうしい!?

恋人や友だちに「何が食べたい？」と聞かれたとき、どう答えていますか？

相手が恋人なら、無意識に相手の好き嫌いや懐事情を考えてしまい、結局「なんでもいいよ」と、答えている方も多いと思います。

相手が友だちなら、人数が多くなればなるほど「私はなんでもいいよ。みんなに合わせます」などと答えている人も多いはずです。

つまり、「私は○○が食べたい」と、はっきりと答える人は少ないように感じます。

しかし、相手が家族になるとどうでしょう？

「ハンバーグが食べたい」とか「今日はさっぱりしたものにして」などと、はっきりと意見を口にする人も多いかもしれません。

これは、いかに相手によって無意識に言葉を選んでいるかを証明しています。

しかし、相手によって言葉を選ぶことが、ときに誤解を招くことがあることを忘れてはいけません。

というのも、私は日本だけでなく、さまざまな国の方たちと交流する機会が多いせいか、国際社会として日本を見たときに、日本人ほど、うっとうしい会話をしている民族はいないと断言します。

「思ったことをはっきり言わないほうがいい」
「まわりに調和したほうがいい」
「どんな相手でも、まずは受け入れてあげよう」

これは、日本人特有の同調圧力のなかで育てられた影響だと思いますが、今後、日本の子どもたちが国際社会のなかに置かれたとき、このような日本人的な会話をしていては、間違いなく誤解を招きます。

私は韓国のお友だちが多いのですが、韓国の人は何に対しても本音を直球で言うため、聞いているこちらとしても、非常にわかりやすく気持ちがいい。

アメリカ人もしかり。日本のように「社交辞令」や「お世辞」を言う文化がないため、好き嫌いが明確です。

とあるアジアの国のコーヒーショップのオーナーから、こんな話を聞いたことがあります。

「コーヒーがぬるくなってしまったら、日本人に出せばいい。文句を言わず飲んでくれるから」と。

それほど、世界中の人から、「日本人は意見を主張しない」「本当は何を考えてるの

5
すごい伝え方のコツ

あいまいな伝え方をやめる

かわからない」と思われています。

つまり、私たちは国際社会として考えても会話を見直す必要があるのです。

だからこそ、あなたが何か結果を出したいと強く思うなら、日本人特有のあいまいな伝え方はやめましょう。

しかし、ただ単に自分の意見を強く相手に口にするという意味ではありません。

「すごい伝え方」の真意は、自分軸に従い、相手が求める回答を察しながら、相手が幸せになるための方向へ導いてあげること。

はっきり主張することだけが正解ではありません。そこは決して間違えないようにしましょう。

相手のために遠慮をすることは、かえって不親切になる

歯科医師として、患者さんに治療のプランを提案するとき、極端に言えば、一番高額なプランが患者さんにとってベストなプランです。

歯並びが悪いと思ったら、歯列矯正したほうがいいと思うし、女性ならホワイトニングしたほうが間違いなくキレイになります。

大きな口を開けて笑ったときに、銀歯が並んでいるのはカッコ悪いと思うのは、歯科医師として当然のことです。

だからこそ、患者さんのお口を100点にしてあげるためのプランを、私は躊躇《ちゅうちょ》な

く提案します。それがたとえ150万円であろうと、200万円であろうと、迷わず患者さんに提案しています。それが患者さんのためだからです。

しかし、多くの歯科医師は、はっきり言わないことがあります。「虫歯の治療に行っただけなのに、ホワイトニングを提案された」とか「あの歯科医院は高すぎる」と誤解されたくないからです。

そんな口コミを気にするあまり、何も言うことができず、ただ虫歯の治療だけして終わりというのは、なんとも無責任な気がしてなりません。

このように、歯科医師という立場ですら患者さんに対して気を使い、本音を言いにくいことが多くあるのです。

もちろん、私は高額なプランを患者さんに押しつけたりはしません。金額的に折りあわなそうであれば、患者さんの経済事情に合わせながら無理のないプランを再構築しますが、それでもなお、患者さんのことを思うと100点の治療をしたいと思ってしまう自分がいます。

それなのに、気遣いをすることで、患者さんにプランの提案ができない歯科医師は、一見患者さんの気持ちを受け止めているように考えているかもしれませんが、本当の意味では患者さんの将来にとっていいことではないと私は考えます。つまり、親切そうに思えても、それがかえって患者さんのためになっていないのです。

相手の意見に合わせることを優先してばかりで、自分の意見を伝えないのは、不親切であり、やがてそれは不信感にもつながりかねません。

「相手がどう捉えようと、私はこうしたほうがいい」という、自分軸に沿った明確でぶれない言葉からは、やがて信頼と愛情が生まれます。

これは、歯科医師と患者さんという関係だけではありません。

たとえば、あなたが誰かに何かを相談されたとき、どのような姿勢、態度で話を聞いていますか？　相手に共感することを優先し、無意識のうちに、自分の意見にはフタをしているという方も多いのではないでしょうか。

相手の気持ちを傷つけまいと、相手の意見に共感することは、優しいように思えます。しかし、**長いスパンで見れば、それはむしろ無責任であり、相手にウソをついていることになる**のです。

伝え方に、正しいも間違いもありません。

まずは相手の話を聞き、相手の思いを受け止めてあげる。そして、その後は自分軸に従い、自分が思う素直な意見をあたたかい言葉で伝えてあげましょう。

それこそが、真の優しさであり信頼につながるのです。

6 すごい伝え方のコツ

「相手がどう捉えようと、私はこう思う」を信じる

答えられないことも、魅力のひとつ

たとえば面接は公の場でありながら、自分の回答力を試されるシーンであり、「どんな質問をされるんだろう」「答えられなかったらどうしよう」と不安になります。

私は会社経営者の知り合いが多く、彼らはみな就職試験などで面接官をやることも多いようですが、口を揃えてこう言います。

「いまの学生たちは、みんな同じことばかりを言うんだよね」

就職活動中の学生たちは、至って真面目にマニュアルどおりの回答を一生懸命暗記して面接に臨んでいます。

7 すごい伝え方のコツ

テクニックよりも、思いを重視する

彼らが「よし、自己PRを完璧に答えることができた！」と思っても、企業側から見れば、「どれも同じ答えばかりで、面白みがない」と思われているのが実情です。

そして経営者たちは「**スムーズに答えられる人よりも、上手に話せなくてもいいから、この会社に貢献したい、この会社の役に立ちたいという思いが素直に伝わる人を求めている**」と言います。

つまり、かならずしも上手に伝えなくちゃいけないと思う必要はないのです。うまく伝えられなくても、熱い思いを伝えることに重きを置いて面接に挑むことが大事なのです。

大人になってからも、子どもの受験の親子面接や、先生との個人面談など、この「面接・面談」から逃れることができません。だからこそ、しっかりと自分軸をもち、自分を確立することが重要なのです。

「いい言葉」「悪い言葉」、あなたはどちらを使っている？

前述したとおり、普段あなたがよく使っている言葉は、いくら隠そうとしてもふとした瞬間に出てしまうものです。

であれば、普段からいい言葉を選んで使うことを習慣化しましょう。潜在意識を上書きするという意味でもとても効果的です。

「いい言葉」とは、元気が出たり、口に出してほっとする言葉のこと。

「大丈夫」「ありがとう」「ラッキー」など、あなたが口にしたとき、あたたかい気持ちになれる言葉が、あなたにとっての「いい言葉」です。

たとえば、仕事がなかなか終わらないという状況でも「もうイヤだ。疲れた～」と言うのと「もう少しで終わる、がんばろう！」と口にするのでは、あなたの意識はまったく異なります。

大きな失敗をしてしまったときも、「最悪だ。なぜこんな失敗をしちゃったんだろう」と口にするのと、「これは成功するための課題を与えられたんだと思おう」「成長するために、この悲しみがあるのだ」と口にするのでは、失敗の意味さえ変えてしまいます。つまり、自分の選ぶ言葉ひとつで、物事の真意さえも自由自在に変えることができるのです。

「いい言葉」があれば「悪い言葉」も存在します。

「悪い言葉」とは、否定的な言葉です。

「私にはできるはずがない」や「私には無理」のように、自分を卑下する言葉はマイナスのエネルギーを呼ぶので、口にしてはいけません。

また、誰かの悪口を言ったり、侮辱するような言葉もやめましょう。

そして、自分の「言葉ぐせ」を見直してみることも重要です。

誰でもひとつは、よく使う言葉があります。

無意識に使っているため、自分では思いつかないという人も多いでしょう。

そういう場合は、家族や友人など、身近な人に聞いてみてください。するとかならず、「たしかによく使ってる」と納得する言葉が出てきます。

そして、その「言葉ぐせ」が、いい言葉か悪い言葉かをジャッジしてみましょう。

たとえば、あなたの言葉ぐせが、「〇〇じゃん」や「それってさ〜」のように、自分の年齢に見合わない言葉だと感じたら、その言葉に替わる言葉を探し、そちらを使うように意識しましょう。

「〇〇じゃん」ではなく「〇〇ですよね」とか、「それってさ〜」ではなく「それはさ」のように、具体的に口に出すことで潜在意識にしっかりと刷り込みましょう。

いい言葉の例

- ありがとう
- すごいね
- 大丈夫
- ラッキー
- できる
- よくなるね
- 好き

悪い言葉の例

- できない
- 無理
- めんどくさい
- 最悪
- むかつく
- だめだ
- 不安

**あなたにとっての
「いい言葉」と「悪い言葉」は?**

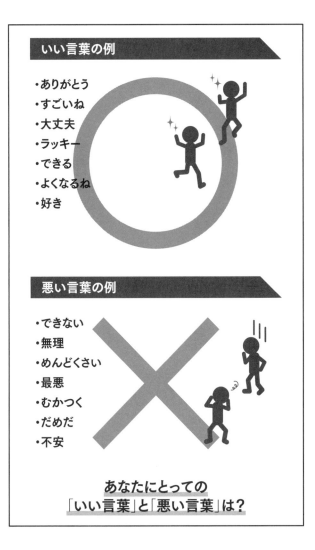

また、自分の言葉ぐせが、「でもさ」や「そうは言っても」など、相手を否定するような言葉を使っているのなら、知らないうちに相手を傷つけている可能性があります。

どんなに着飾っていても、どんなに勉強ができようと、どんなにお金持ちであろうと、相手を否定する言葉を使っていては、人はあなたから遠ざかっていきます。

そうならないよう、普段から「いい言葉」を選ぶクセを習慣化することを意識してください。

言葉使いに自信がない人は、そういった講座やセミナーに行くのも手です。

一度きちんと一流の言葉使いを学んでおけば、あらゆるシーンで役に立ちますし、また、あなたの一生の武器になるでしょう。

8

すごい伝え方のコツ

「いい言葉」を習慣にする

Chapter 2

「すごい伝え方」を磨く7つの技術

「すごい伝え方」には、シンプルな法則がある

どんなに成功者であろうとお金持ちだろうと、人は一人では生きていけません。
口では「一人でいるのが好き」と言っても、潜在意識のなかでは誰かとつながっていたいという欲求をもっています。

しかし、人は誰かとつながっているだけで幸せを感じるでしょうか？
いまは、SNSがあればいつでも誰かと自由につながることができる時代です。
画面上で何百人、何千人とつながっていても、それは本当の意味でつながっている

とは言えません。

人は誰かを支え、誰かに支えられているという信頼関係があってこそ、心が満たされます。そしてそれが明日を生きる活力になるのです。

しかし、直接会って会話をしたことがない人と、SNS上でやりとりしているだけでは、そういった信頼関係を築くことは難しいと私は思います。

相手の顔を見て、相手の話を聞き、自分の思いを伝える。そんな対面での会話こそ、いまという時代には必要不可欠ではないでしょうか。

そして、そんな会話を手助けする**「すごい伝え方」**には、シンプルな法則があります。大きく7つに分けて説明します。

9
すごい伝え方のコツ

「すごい伝え方」の7つの技術を知る

すごい伝え方の技術 ①

まずは、相手の話を聞く

誰かと会話をするときや相談を持ち掛けられたとき、自分の思いを伝えたり、言葉をかけたりする前にかならず必要なこと。

それは、まずは相手の話を最後まで聞くことです。

そう言うと「え、聞くだけでいいの？」と思う方もいるかもしれませんが、じつはこれ、意外とできていない人が多いです。

人は誰でも自分の話を聞いてほしい生き物です。

だからこそ、相手の話を聞いているつもりでも、相手が話し終わる前に自分の意見を主張してしまうという場合が多い。

それに、もしかしたら相手も会話に苦手意識を抱いている可能性もあります。であれば、どんな相手であれ、相手の話を途中で遮ってしまうことはやめましょう。

加えて、たとえば仲のいい友だちに「相談に乗ってほしい」と言われたとき、ほとんどの方はあなたに「解決するための提案」を求めているのではなく、ただ「自分の話を聞いてほしい」と考えています。

しかし、「相談に乗ってほしい」と言われたら、相手を傷つけないよう、普段より大げさに同調するような態度を取っていませんか？

その真面目さが、かえってあなたを疲れさせ、回答力をダウンさせている原因になっているのです。

（1）受け流す

相手の話を聞くときの姿勢は、大きく分けて3つのパターンに分かれます。

相手の話を「聞き流す」という意味。相手の話に聞く耳をもたないこと。

（2）受け止める

相手の話に同意はしませんが、事実として、その話を聞いてあげること。

（3）受け入れる

相手の話に同意し、その話を認めてあげるということ。

あなたが会話に苦手意識を抱いている理由は、この（2）「受け止める」と、（3）「受け入れる」の意味を混同しているせいかもしれません。

話を聞いてあげる（受け止める）だけで相手は満足するのに、なぜかあなたは相手に共感しなくてはいけない（受け入れる）と思い込んでいます。

すべての意見が一致する人などいません。

いくら仲がいい友だちでも、相手の考えと自分の意見がすべて一致するなんてことは絶対にありません。相手の話をうなずきながら聞いていても、心のなかでは、

「私だったらそうは思わない」

「この子はいつも同じところでつまづいている」

「それって、ただのわがままじゃない？」

そんなふうに思うこともあるでしょう。

しかし、あなたはそれを決して口にしません。とにかく共感してあげなければと思い込んでいます。


もともと、人は自分の思いに反することを口にすることに抵抗があります。

たとえば、甘いものを食べたとき、あえて「酸っぱい」と言ってみてください。なんとなくモヤモヤしますよね。

同じように、あまり口に合わないと思った料理でも「美味しい」と言わざるを得ない状況では、思わず顔が引きつってしまったりします。

つまり、本心と言葉に矛盾が生じるとき、人は違和感を抱くのです。そして、その違和感がやがて「疲れ」となって表れます。

あなたが会話に苦手意識を抱いているのは、この疲れが原因なのかもしれません。

であれば、自分が何をどう伝えるかではなく、まずは相手の話を聞くことだけに徹しましょう。

相手の目を見ながらゆっくりとうなずき、落ち着いて話を聞く。聞いているだけなら、よほど長時間ではない限り、疲れることはありません。

相手にとっても、自分の話を最後まで聞いてくれたという事実だけでうれしいですし、また話をすることで悩みが整理され、「気づいたら解決していた」なんていうこともあるのです。

10 すごい伝え方のコツ

本心にないことを伝えるのではなく、まずは「聞くだけ」に徹する

とにかく聞くだけに徹してみる
最近○○について悩んでいて…
だったら▲▲してみたら？
すぐに解決策を提案せずに…
最近○○について悩んでいて…
うん、うん、そうだよね。
受け止めてあげる

すごい伝え方の技術 ❷

相手の思考に寄り添う

いまの自分は、過去の自分がつくり出したそのままの姿です。だとすると、相手の思考もその人の過去の体験からでしか表れません。

私はいままで6万人を超える人たちの相談に乗ってきましたが、そのなかで感じることがあります。それは、相手の過去に基づいた思考で考えると、相手の気持ちが非常に理解できるということです。

たとえば「仕事を辞めたい」と相談された場合、まずは相手の思考の傾向を探るため、相手がいままでどんな経験をしてきたか知るための質問をしてみます。

たとえば、

①「学生時代はどんなことをしていたのですか？」
②「なぜ、いまの会社に入ったのですか？」
③「前職を辞めた理由は？」

という質問をします。

Aさんはこう答えました。

①「学生時代はサッカー部のキャプテンを務めました」
②「自分の夢につながるキャリアだと思って、この会社に入りました」
③「この会社で吸収できるものはすべて吸収できたと思ったから辞めました」

一方、Ｂさんにも同じ質問をすると、Ｂさんはこう答えました。

①「学生時代は熱中したものはありません」
②「なんとなくこの会社に入りました」
③「つまらないから前の会社を辞めました」

この会話から、私は彼らの思考をこのように推測することができます。

Ａさんは意欲があり、自分を成長させたいという思いをもっている人。

向上心もあり、自分に自信もあるので少々強めに話をしても落ち込むタイプではないでしょう。であれば、Ａさんにとって会社を辞めることは、自分を向上させるための前向きな決断になるはず。

このように、Ａさんの回答から思考の傾向を推測し、Ａさんがさらに飛躍できるようなアドバイスを伝えます。

一方、Bさんの場合は、あきらかに意欲のなさを感じます。

このタイプに「やる気を出せ」とか「もっとがんばろう」と言っても無駄です。

そこでBさんには、仕事に関する話からいったん離れ、「趣味はありますか?」「休みの日は何をしているの?」という質問をします。

すると、趣味に対しては熱い思いを抱いているタイプであることがわかりました。であれば「趣味を活かした仕事を探してみては?」など、趣味を通してBさんの人生にプラスになるようなアドバイスをします。

私は、このように相手の思考の傾向を予測し、その思考に合わせた回答をするよう心がけています。

相手の思考を知ることは、相手に寄り添うことを意味します。

どんな相手であれ、その人の思考に寄り添うことができたら、おのずと相手がほしい言葉がつかめます。

また、多くの人と接すると、「このタイプにはこう接したほうが喜ばれる」とか「このタイプはこう伝えたらスムーズに進むだろう」という、自分の経験に基づいたカンをつかむことができるようになります。

接客業をしている方はなんとなくピンとくるはずですが、それもある意味、相手に寄り添うためのひとつの技術だと思います。

11
すごい伝え方のコツ

相手の思考に合った伝え方を心がける

すごい伝え方の技術 3

「自分だったら○○する」と言う

人は自分に共感してくれる相手を好ましく思い、反対に、自分の意見を否定されると簡単に相手を嫌いになったりします。

だからこそ「相手に嫌われたくない」と思ったら「とりあえず共感しておけばいい」と考えてしまいがちです。

しかし、仲のいい友だちに「離婚したい」と相談された場合、あなたはどう答えますか?

気心の知れた友だちであればあるほど「絶対に離婚したほうが幸せになれるよ!」

とか「自分がしたいようにしたほうがいい」「人生は一度きりだよ！」のように、強い口調で、自分の意見を伝えることもあるかもしれません。

ただ、共感し、同調するだけが本当に相手のためになっているとは限りません。

そこで活用したいのが「自分だったら○○する」です。

これは、相手に共感しているようで、強く同調はしていない絶妙なニュアンスで回答できる便利な文言です。

たとえば、同じことを伝える場合でも、

「とりあえず、実家に帰りなよ！」

「私だったら、とりあえず実家に帰るかな」

この2つでは、ニュアンスがまったく異なります。

つまり、「私だったら」という枕詞をつけるだけで、意見を上から押しつけることもせず、自分の本心を伝えつつ、相手に考えさせる猶予を与えることもできるというわけです。

最強手法「自分だったら○○する」を使う!
仕事を
やめたい…
あと3年は
がんばれよ!
仕事を
やめたい…
私だったら、
あと3年はがんばって
みるかなぁ

たとえば、あなたが部下に仕事を辞めたいと相談された場合も、

「あと3年はがんばれよ！」

「自分だったら、あと3年はがんばってみるかなあ」

この2つの回答なら、後者のほうが相手も素直に受け入れられるでしょうし、ひとつの意見として受け止めてくれます。

相手が目下の存在（部下）だからといって、自分の意見を押しつけてしまいがちですが、「自分だったら」をつけることで、相手に意見を押しつけることもなく、自分の素直な思いをスマートに伝えることができます。

12 すごい伝え方のコツ

押しつけずにスマートに伝える技、「自分だったら○○」を使う

すごい伝え方の技術 4

相手のプライドを傷つけない

私が講師として登壇するときは、なるべく質疑応答の時間を設けるようにしています。この質疑応答こそ、私が楽しみにしている時間であり、お客さまと直接会話ができる貴重な場だと思っています。

いままで何百、何千人から質問を受けてきましたが、なかには「この質問、いま僕にする?」と思うような、奇想天外の質問を受けることもあります。

たとえば、

「最近、左遷されてしまい悔しい思いでいっぱいです。井上先生、私はこれからどうやって生きていけばいいでしょうか？」

これは600人の講演会の質疑応答の時間にされた質問でしたが、こんな公の場でプライベートな悩みを打ち明けたということは、よほど悩んでいたのでしょう。

一対一であれば話をゆっくり聞いてあげたいところですが、視聴者が600人いるなかでは、相談者の思考の傾向を知るための質問をすることもリスクがありますし、その方だけのために時間を長々と費やすこともできません。

このようにオフィシャルな場において質問をされたとき、注意しなくてはならないポイントが2つあります。

1つめは、相手の自尊心を傷つけないこと。

相手のプライドを傷つけるようなことを口にするのはタブーです。とくに相手が女性の場合は要注意。女性はわりと感情で動くタイプが多いので、気持ちを逆なでするような言葉や、少しでも笑いに変えるような言葉をかけることは絶対に避けましょう。

13
すごい伝え方のコツ

自尊心を傷つけない、むやみに話しかけない

2つめは、こちらからむやみに話しかけないこと。

相手の状況を知ろうとして、こちらからむやみに話しかけようとすると、相手はその悩みを思い出し感情をむき出しにする可能性があります。

相手もとっさの質問に答えられるとは限りません。であれば、こちらからは話さず、まずは相手の話を聞き共感してあげましょう。

「そんなことがあったのですか」

「それは、大変でしたね」

まずはこういった共感ワードを伝えることが大事です。

いったん受け止めてあげれば、そのあとの会話がどんな方向へ飛んでも、相手の自尊心を傷つけることも気持ちを揺さぶることもありません。

すごい伝え方の技術 5

「質問返し」を効果的に使う

相手と距離が縮まると、さらに相手のことを知りたいと思うのは当然です。

とくに恋愛においては、好意を抱いているからこそ「相手のすべてを知りたい」と思うのは普通のこと。そうやってお互いわかり合うことが、恋愛の醍醐《だいごみ》味です。

しかし、相手に好意があるなしに関係なく、ただ単純に興味本位で相手のバックボーンを知りたいと思う人も多いようです。俗に言う「マウンティング」をするための情報収集といった具合でしょうか。

これは女性同士によくある問題であり、だからこそ答えたくない質問をされることも多いようです。

「年収いくら?」「貯金はいくら?」など、お金に関する質問や、「マンションのローンはいくら残っているの?」「家賃いくら?」など家に関する質問。

また「彼氏は何をしている人?」「バイトは何をしているの?」など、大して仲がいいわけでもないのに、プライベートに関することを聞いてくる人もいるようです。

とっさに質問されると思わず答えてしまいそうになりますが、それでは相手の思うツボ。相手に自分の年収や貯金額を伝えたところで、なんの得もありません。

それに、そういう質問をしてくる人は、いろいろな人に同じ質問をしているはずです。「ここだけの話」と言いながら、それをかならず誰かに話すでしょう。

つまり、マウンティングの材料にするための質問には、答える必要はまったくありません。

そういう場合は、質問をされたら間髪入れず「質問返し」をしましょう。

たとえば、「年収は?」と聞かれたら、すぐに「あなたの年収はいくらなの?」と返します。すると、相手はかならず話をはぐらかし、答えることはないでしょう。

このように、答えたくない場合は「質問返し」で相手をブロックしてください。

「質問返し」は、じつはもうひとつ活用法があります。

たとえば、相手がなぜこの質問をするのか真意が見えないときに、「なぜ、この質問をするのですか？」と、相手に質問返しをします。

すると相手は質問の真意を詳しく説明しながらも、自分が共感してほしい理由を話し出します。

相手が共感してほしい理由がわかれば、相手が求めている言葉が明確になります。

つまり、質問に質問をすることで相手の気持ちを整理させ、相手が求める答えを導くことができるのです。

14 すごい伝え方のコツ

質問返しで、相手の真意を知る

答えにくい質問には…

質問返しで対応しよう

すごい伝え方の技術 6

潔く「わからない」と言う

質疑応答のコーナーでもっとも困るのが、政治などの時事ネタや宗教などの思想に関する質問です。これは聞いている人に誤解を与えるリスクがあるので、言葉には非常に注意しなければなりません。

かといって、「その質問に関してはお答えできません」と返すのはNG。それこそ相手のプライドを傷つけてしまうことになりかねません。

そもそも、私自身が政治や宗教に関する特別な感情はもっていません。

もちろん、毎日、新聞は読みますし、時事ネタもある程度は把握していますが、政治や宗教へ特別な思いや執着がないので、むしろその思いは素直に相手に伝えています。

たとえば、政治など時事ネタについて聞かれた場合は、

「政治もいろいろな考え方がありますよね。しかし、私はその点についてあまり深く捉えていません。ただ、何かが動くのであれば、みんなが幸せになるような形で進んでほしいですね」

宗教など思想について聞かれた場合は、

「それに対して私は特別な思いはもっていませんが、それぞれ素晴らしいと思っています。しかし、お答えしにくいですね。すみません」

といった具合です。

このように、自分の本心にウソをつくわけでもなく、かといって、無理に相手に合わせるわけでもない。そんな伝え方をすることがスマートであり良策と言えます。

また、まれに私がまったくわからない領域について質問をされることもあります。

たとえば「若者の間で流行っている〇〇〇について、どう思いますか？」とか、

「最近〇〇〇にハマっていますが、先生は好きですか?」など。

普通の人なら、質問のなかに自分が知らない単語があるだけで動揺してしまいがちですが、しかし、この世に完璧な人などいません。知らないことがあって当然です。

だからこそ、素直に「それ、なんですか?」と聞きましょう。

すると、質問者はその単語についてさらに詳しく説明をしてくれます。

そこで理解できればいいのですが、それでもわからない場合は、聴衆に助けを求めるのもひとつの手です。

たとえば「会場内で、〇〇〇について知っている人いますか?」と回答を他人に委ねます。

そして、詳しい方がいた場合は、その方に意見を聞く。答えた相手も思わぬところで自分が注目を浴びたことがうれしいでしょうし、そういったイレギュラーな掛け合いは、会場内に一体感が生まれます。

詳しい方がいなかった場合は「こんなに大きな会場で、〇〇〇を知っているのはあなただけです。素晴らしい！」と質問者を称えてあげましょう。

そうすれば、誰も傷つくこともなく、信頼を欠くこともありません。

また、潔く「その件に関してはわからないので、調べてあとで確認します」と言うのもひとつの手です。下手に知ったかぶりをして、答えをひねり出すよりもよっぽど賢い方法です。

その際、「私の専門分野では○○ですけど、それについての最新データはまだ把握していません」とか「私の研究では○○でしたが、その研究に関してはまだよく存じ上げません」などと、「自分の専門外」であることを伝えることも大切です。

質問者だけでなく、まわりにいる大勢の方を納得させるという意味でもきちんと説明しておく義務があることを忘れてはいけません。

15
すごい伝え方のコツ

わからない場合は、第三者の声を使うという手もある

「回答しない」という選択

たとえば、自分にとってイヤだなと思う出来事があったとき、それが自分にとってマイナスなのか、はたまたプラスに作用するかは自分の捉え方次第です。

それと同じように、誰かに何かを伝えたとき、相手がそれをどう捉えるのかが重要であり、相手の捉え方こそがその人にとってのベストな答えと言えます。

よって、あなたが回答する時点で「完璧な答え」である必要はありません。

自分軸に基づいたオリジナルの意見をきちんと相手に伝えることが、結果として相手にベストな回答なのです。

相手に共感、同情するだけを意識し、相手を傷つけないようにその場限りの取り繕った言葉では、本当の意味で相手を救うことはできません。

しかし「先生、これってどっちがいいと思いますか？」と二者択一を求める質問をする人がいます。そういう場合は、「それは自分が考えたほうでいいんじゃない？」と答えます。

なぜなら、相手は私に選ばせることでしか、答えを見つけようとしなくなる可能性があるからです。

人は他人に答えを委ねていては成長しません。

自分で考え、決断することを避けていると、いずれ「決断できない人」になってしまいます。

占いにハマり、何をするにも占い師に判断してもらわないと決められない人がいるように、自分で考えることを無意識に遠ざけてしまうようでは、相手のためになりません。

二者択一すら、誰かに委ねることは相手に依存している証拠です。

それに、質問されたほうも二者択一ほどプレッシャーを感じることはありません。あとから「先生がこっちを選べと言ったじゃないですか！」なんて、責任転嫁されても困ります。

つまり、「回答しない」という選択が相手にとってベストな場合もあるのです。

以前こんな相談を受けたことがあります。

「会社を経営する際に保証人になってほしいと言われ、印鑑を押してしまった。その後、その会社が倒産し、その知り合いとは音信不通に。そして、自分だけが何億円という負債を背負ってしまった……どうしたらいいですか？」

たしかにこの人は被害者です。

悪いのはその知り合いであることは周知の事実です。

しかし、保証人を頼まれたからといって、万が一の状況を想定せず、印鑑を押してしまった自分も悪いのです。

結局、人は自分の決断を自分で決めています。どんなに人に相談しようと、自分の行動は最終的には自分で決意しています。

それを前提に理解していれば、誰かに何かを相談されたからといって、完璧なアドバイスをする必要はないことがわかるはずです。

16 すごい伝え方のコツ

結局は自分で決めるしかないのだから、完璧な答えを追い求めるのはやめる

Chapter 3

シーン別 相手が求める 答えをつかむコツ

人は3つのタイプに分かれる

ドイツの心理学者ニコラウス・テーテンスは、人の精神構造は「知」「情」「意」の3つに分けて成り立っていると説いています。

私自身もいままで人間分析学や運命学、サイグラムや素質論、溝口式バイオリズムなど、さまざまな分野を学んだり、歯科医師、作家として多岐にわたるジャンルの方々と接すると、たしかにどんな人であれ、このいずれかのタイプに当てはまることを実感します。

相手がどのタイプに当てはまるか把握しておけば、それに合わせたアプローチをすることができるため、効率的に信頼関係が築きやすくなります。詳しく見ていきましょう。

3つのタイプには次のものがあります。

①「知」↓知識タイプ
②「情」↓感情タイプ
③「意」↓行動タイプ

それぞれ説明していきます。

①「知識」タイプの人

理論型であるため、物事の構成・プロセスをきちんと説明してあげることで納得するタイプ。歯の治療であれば、医師の考え、病原の理由や治療方針を明確に説明することで安心する。もともとの性格は「真面目で慎重な人」が多い。

②「感情」タイプの人

共感型で、自分の感情を受け止めてほしいという願望を優先するタイプ。過去の経験を振り返りながらメンタル面にアプローチすることで納得する人が多い。歯の治療であれば、いままでの歯科医院で経験したイヤな思いや痛み・不安を取り除くことで安心する。もともとの性格は「明るく社交的な人」が多い。

③「行動」タイプの人

行動型の人は、結果にフォーカスすることで納得するタイプ。歯の治療であれば、いつまでに治療を終わらせましょうというアプローチの仕方で安心する人が多い。もともとの性格は「一度決めたら最後までやり通すという意志の強い人」が多い。

いつも顔を合わせる人なら、相手がどのタイプに当てはまるかなんとなく推測できると思います。また、自分もどのタイプに当てはまるかピンとくるはずです。

人の3つのタイプ

❶ 知識タイプ

→真面目で慎重な人が多い

❷ 感情タイプ

→明るく社交的な人が多い

❸ 行動タイプ

→最後までやり通す
意志の強い人が多い

あなたはどのタイプ？
そして、よく会話をするあの人は
どのタイプ？

これがわかっていれば、手探り状態で会話をするよりも短時間で信頼関係を築くことができます。

私の歯科医院では、事前に患者さんのデータを統計学（生年月日）による分析をしたうえで対応をしています。そうすることで、患者さんと効率的に信頼関係を築くことができ、患者さんに合わせたアプローチ、プランを無駄なく提案することができるからです。

しかし、いくら相手のタイプを知ったところで、人の感情はその日の環境要因により多少変化します。そのときの相手の表情や発する言葉から、相手の心情を察することを最優先に意識しましょう。

この3つのタイプを知ったうえで、さらに詳しく相手が求める答えを読み取るコツについて、具体的にお話していきましょう。

17

すごい伝え方のコツ

自分と相手が「知識」「感情」「行動」の、どのタイプか知る

【性別】で、相手の求める答えを読み取るコツ

私のセミナーに来られるお客さまは、前提として「自分を向上させたい」と思っている方がほとんどです。だからこそ、私から明確で具体的なアドバイスを求めているから足を運んでくださいます。

このように、相手が「教えを乞う」という姿勢の場合は、少々強めな言い方をするほうがむしろ喜ばれたりします。

とくに男性は、男気のある強い口調を好む傾向があります。

たとえば、「挑戦しないなんて、男としてどうなの？」など、上から強めに言うこ

とで、相手の気持ちをふるい立たせると、それを素直に受け止めてくれます。

しかし、女性の場合は少々違います。


女性は「感情タイプ」が多い傾向にあるので、男性と同じように強い言い方をすると自分を侮辱されたと勘違いする可能性もあります。


公の場であるなら、なおさら強い言い方はせず、寄り添うようにあたたかい言葉をかけることで相手は非常に納得し、満足してくれます。

しかし、一対一となると話は別です。個人相談の場合は、相手が女性であれ、はっきりと明確なアドバイスを必要としています。


以前、「人生を変えたい」と相談に見えた女性がいました。

そのとき私ははっきりと「じゃあ、見た目から変えてみたらどうかな？　いまのままじゃ魅力的とは言えない。女性は見た目が変われば、性格も変わりますよ」と、アドバイスしたことがあります。

すると、その数週間後、見違えるようにキレイになった彼女にお会いしました。

そして「先生のアドバイスのおかげです」と、自信にあふれた笑顔で感謝を述べてくれました。

男性もしかり。「そんなもやしみたいな体型じゃ誰も近寄ってこないよ」とか「もっと男らしくびしっとしたほうがいい」と、強めにアドバイスすることで、相手の意識を刺激してあげるよう心がけています。

このように、相手が自分のことを慕い、そのうえで意見を求めてきたときは、思ったことを強めにはっきりと言うほうがよいでしょう。

相手と自分の普段の関係性から、相手がどんな思いで自分にアプローチしてきたかという背景を把握できれば、相手がほしい言葉を見つけるのは非常に簡単です。

18
すごい伝え方のコツ

男性は「行動」タイプ、女性は「感情」タイプが多い傾向にある

【年代】で、相手の求める答えを読み取るコツ

会話は、相手と共通点があると非常に話しやすいという特長があります。

だからこそ、まずは相手と自分の共通点を見つけて話をすることを無意識に実践している方も多いのではないでしょうか。

しかし、相手と初対面の場合は共通点を見いだすことが困難です。

そんなときは、相手の年代に近い「自分の身近な人」を思い浮かべてみましょう。


私の場合、相手が20代くらいだと思ったら、自分の娘を思い浮かべます。そして、

普段娘が話していることや興味があるものなどを会話の切り口にして、話をすることがあります。

「最近、○○が流行っているみたいですね」とか、「○○って知ってますか？」など。「私には26歳の娘がいるんですけど……」と、最初に伝えてしまうのもひとつの手です。相手は「井上さんには、私と同じ世代の娘さんがいるんだ」とわかれば、親近感を抱いてくれる場合もあります。

あなたがいま30代だとして、相手が60代くらいであれば、自分の両親や上司を思い浮かべたり、また相手が20代であれば、自分の兄弟など、相手と同じ世代の「自分の身近な人」を思い浮かべるようにしましょう。

すると、たとえ相手が初対面であれ、親近感をもって会話することができます。

また、相手が自分と同世代の場合は、同じ時代を過ごしてきたという部分で明らかに共通点があります。

「子どもの頃は○○○で遊びませんでしたか?」や「学生時代、○○○が流行りましたよね」など、その世代ならではの話題について話すのも良策です。

このように、相手とどんな会話をしていいかわからないときは、自分の身近な人を思い出し、普段その人とどんな会話をしているかを思い出しながら相手と接するのは、効果的な手です。

雑談には縛りがなく答えが自由なぶん、相手が3つのうちのどのタイプなのかも自然と見えてくるでしょう。

そのなかで、相手がどのタイプかがわかれば、おのずと相手がどんな答えを求めているかわかるはずです。

19 すごい伝え方のコツ

いま話している相手の年代と近い「自分の身近な人」を思い浮かべる

【ビジネスシーン】で、相手の求める答えを読み取るコツ

ビジネスシーンはもっとも伝え方が試される場です。

上司や部下、同僚やクライアント、取引先など、あらゆる世代、あらゆるジャンルの方たちと信頼関係を築くことが仕事のひとつといっても過言ではありません。

どんな職業であれ、一人でできる仕事はありません。

つまり、どんなに頭がよくても、どんなに仕事ができても、まわりの人と信頼関係を築くことができなければ、いい仕事、いい結果を生み出すことはできません。

プレゼンやミーティング、イベント、研修など、ビジネスでは人前で話さざるを得ないシチュエーションが数多くあります。

そして、多くの人は公の場で話をすることに苦手意識を抱いています。

不特定多数の方が集まる場においては、その場にいる人たち全員が納得する答えを瞬時に読み取るのは至難の業。相手がどんなタイプに当てはまるかという方法も、人数が多くては意味がありません。

では、このようにビジネスシーンにおいて相手が不特定多数の場合、どんなことに気をつけて伝えればいいのでしょうか。

前述したとおり「ビジネスでチャンスをつかみたい」と思うなら、唯一無二の自分になることが近道です。自分軸を確立させることができれば、どんなシーンであれつねに堂々とした態度でいられます。

たとえ公の場でわからない質問をされても、はっきりと「わからない」と言うことができ、それをまわりはマイナスとは受け取らず、むしろ「潔い」とプラスに評価されたりするほど。つまり、自分軸というフィルターを通せば、どんな人でも魅力的に見せる効果があるのです。

自分軸を確立するには、セルフプロデュース力を磨くことが先決ですが、日本人はこのセルフプロデュースが苦手な人が非常に多い。

少し話がそれますが、私が経営するいのうえ歯科医院は、口腔がんの細胞診を取り入れている数少ない歯科医院です。

細胞診は綿棒で口内の細胞をかき取り、その検体を道外の専門医（医療法人　長崎病理　長崎病理診断科）に送り、一週間前後で悪性の腫瘍がないかなど五段階評価で結果がわかります。

初回から精度の高い結果がわかると評判で、インターネットなどを見て来院する患者さんが増え続けていますが、こういった新しいサービスを取り入れることも、いのうえ歯科医院の自分軸をブランディングするためのひとつの手法だと考えます。

つまり、ビジネスにおいて唯一無二の自分を手に入れたいなら、「まだ誰もやったことがないことをする」だけで、意外と簡単に、自分軸というブランドを確立し、相手に印象付けることができます。

たとえば、歯科医院で働くスタッフに対しても「この仕事で本を一冊書けるくらいのオリジナリティとプライドをもって仕事をしましょう」と、声掛けしています。

歯科医院の受付の仕事ひとつをとっても、オリジナリティを出すことは可能です。

一日中、ただ座って仕事を淡々とこなすだけではなく、患者さんを外に出て送り迎えをするとか、患者さん一人ひとりにスリッパを用意してあげるとか、跪《ひざまず》いて問診を聞くなど。

ほかの歯科医院の受付ではやっていないサービスを提供することで、患者さんにインパクトを与え、やがてそれが歯科医院自体のブランディングにもつながります。

あなたがもし、もっと上のステージにいきたい、一流になりたいと思うなら、自分のオリジナリティを出すために何ができるかを考えてみてください。

20
すごい伝え方のコツ

自分というブランドを確立する

営業職であれば、地元で有名な手土産を必ず持参してお渡しするとか、事務職であれば、季節ごとに取引先に感謝のお手紙を書くなど。

まずは小さなことでいい。自分なりのルールをつくってみることから始めてみましょう。それが自分軸となり、自分というブランドを確立するきっかけとなるはずです。

ブランドを確立することができたら、まわりのあなたを見る目が変化することに気付くでしょう。そのうえであなたに意見を求めてくる人がいたら、きっとその人はあなたのブランドを認めてくれている人。

そうなってしまえば、会話に困ることはありません。堂々と素直に思うことを答えるだけでいいのです。

【恋愛】で、相手の求める答えを読み取るコツ

「幸せになりたい」「出会いがほしい」という人は、潜在意識のなかにその思いを強く刷り込むことが大事です。すると無意識に自分を磨く努力をし、恋愛を成就する方向へ向かわせてくれます。

そのとき、なるべく具体的に理想の恋愛、理想の相手をイメージし、言葉に出してみましょう。そうすることで、さらにいい出会いを引き寄せます。

しかし、いざ好きな人ができたとしても会話に自信がなければ、恋愛に発展するこ

とができないかも……という不安を抱いている人も少なくありません。

すでにパートナーがいる場合も、相手が何を考えているか、何を求めているかわからないと不安になることもあります。


とくに女性は感情的なタイプが多いため、その日の環境要因により気分にムラがあります。いくら相手のことが好きでも理由なく冷たい態度を取ったり、強い口調になることもあり、それが相手を混乱させることもあります。

男性も、外ではプレッシャーや緊張感をもちながら働いているぶん、プライベートでは気が緩んでしまい、恋人や奥さんの前ではつい怠惰な態度を取ってしまいがち。そんな態度に女性は「私のことをどう思っているのか」と、怒りや不安を抱くこともあるでしょう。

相手の態度、言葉に一喜一憂することは非常に疲れます。

人間関係が壊れるきっかけは、この「疲れ」が原因です。一緒にいて疲れるだけの相手とは速やかにお別れしましょう。

しかし、私のところにお話に見える人のなかには「別れた彼氏（彼女）のことを忘れられない」という人が非常に多いのも事実です。

相手といることに疲れ、自ら別れを切り出しても、結局は相手を忘れることができない。信じられないかもしれませんが、30代の約8割の男性は、このような悩みを抱えているという実情もあります。

恋愛は一対一で成り立っています。

いい関係を維持するためには、普段から相手といい関係でいること、つまり「いい会話」をすることが重要です。

2人きりで会話をすることが多いぶん、相手と深い関係を築く速度も速くなり、2人だけの秘密を共有することで「相手にとって自分は特別な存在」だと感じます。

であれば、普段から相手といいコミュニケーション、いい会話をすることが、恋愛を長く続けるための秘訣なのです。

とはいえ、いかなる相手でも刺激的な関係を続けられるのは3年程度。

どんなに好きな相手であれ、3年を過ぎたら多少なりとも不協和音が生じるのは想定内と思っていたほうが身のためです。

さらに、生活を共にすればぶつかり合うことも増え、いままで知らなかった相手のイヤな一面が見えることもあるでしょう。そんな状況のなかでも、相手がどう思っているか、どうしてほしいのかを紐解くのも、「会話」でしかありません。

人は相手のことを強く思うと潜在意識が活性化し、五感が冴え、相手が何を求めているか自然と察知することができます。

たとえば、相手の笑顔ひとつ取っても、オフィシャルな場で見せる笑顔と2人きりでいるときの笑顔には多少の差がありますよね。

なぜそれがわかるのでしょうか。

それは2人だけの会話を通じて、相手のこまかい情報を誰よりも深く潜在意識に貯蔵し、その情報からより明確に相手の心理を察知することができるからです。

つまり、相手が何を考えているのかわからないと思うのは、自分が相手を強く思う気持ちが失せているという可能性もあります。

相手のことをすべてわかったような気でいても、相手の気持ちは日々変化しているものです。であれば、毎日新しい気持ちで相手と接し、相手の言葉と表情に注目しながら、相手の本音を探ることを意識してみてください。

また、プロポーズをしたい、相手をオトしたい、ヨリを戻したいなど強い思いがあるシーンにおいては、相手にインパクトを与えることが得策です。

たとえば、恋愛映画に出てくるような甘いセリフをひとつ、さらりと言ってみる。相手は「何バカなこと言ってるの？」と笑うかもしれません。

しかし、いままで言われたことがないセリフを言われると、人は想像以上に心に響くものです。

言葉にするのが恥ずかしいなら、行動でもいい。相手が座る際、椅子をさっと引いてエスコートしてあげたり、おしぼりを広げてさっと手渡してあげたり。

相手がいままで誰にもされたことがないことをやってあげるだけで、相手に強烈なインパクトを与え、好感を得ることができます。

このように、「相手の世界にいないであろう一人」を想定し、行動を起こせば、誰でも簡単に特別な存在になることができます。

21
すごい伝え方のコツ

2人きりの会話から、相手が求める答えを導く

【ＳＮＳ】で、相手の求める答えを読み取るコツ

いまや生活するうえで切っても切れないＳＮＳですが、「ＳＮＳ疲れ」という言葉があるように、便利であるがゆえ、使い方と関わり方を間違えるとマイナスに作用してしまうことも多々あります。

とくに学生やＯＬ、主婦にとって、このＳＮＳこそがコミュニケーションの基盤になっている人も多く、一度の「既読スルー」が大きな溝を生むなんてこともよくある話だそうです。

以前、私のところに「友だちの投稿を見て、ショックを受けたり、落ち込んだりしてしまう。どうしたらいいですか？」と相談に見えた女性がいました。

友だちの投稿に一喜一憂する彼女に「そもそも、その友だちってあなたに必要ですか？」と聞くと、「惰性《だせい》で付き合っているような気がします。必要とは言い切れません」とのこと。

「それならば、なぜ彼女のSNSを見るのですか？」と問うと、「見たいと思って見ていたわけじゃなく、ただ習慣のなかで見るクセがついている」と話していました。

この彼女のように、惰性で友だちを続けたり、SNSを見ることが習慣化されている人が非常に多い。そもそもその部分こそが問題だと考えます。

人が現状を維持することは「退化」を意味します。

同じことをやり続ける、その場にいつづけることは、一見素晴らしいことのように思えます。

しかし、流れが速いこの時代のなかでは、その場に留まることはある意味成長していないことと同じです。

つまり、古いものを切り捨て、新しいことを始めることこそが、いまの時代に合った生き方だと私は考えます。

医療の世界もそうですが、携帯やパソコンなどのＩＴ技術も、日進月歩で発展しています。そんなスピード勝負の時代に合わせ、自分自身も新しいものをどんどん取り入れバージョンアップしていくことが自分の成長につながります。

つまり、惰性で続けている友だちや、ＳＮＳによる価値のない情報交換に付き合う必要は一切ありません。

とはいえ、突然、オンライン上のグループから脱退しろといっても、それはリアルではありませんよね。であれば、着かず離れずの関係を続けることがベターなのかもしれません。

グループでの会話が始まったとしてもリアルタイムで会話に参加する必要はなく、

みんなの会話がひと段落したタイミングを狙い、「仕事で携帯を見られなかった、ごめん」とひと言メッセージを入れるだけでいい。

その際、誰の意見にも共感も反発もせず、ただひと言メッセージを送っておくだけでいいのです。

グループでの会話は、共感が求められます。

よって、あなたの態度に物足りなさを感じ、不満を言う人もいるかもしれません。

それならば、そのタイミングこそ切り捨てるための好チャンスと思ってください。

そもそもSNSとは、自分をセルフプロデュースする場としては非常に便利なツールだと私は思います。つまり受動的ではなく、能動的に使うことを目的とすれば、SNSに対しての意識も変わるはずです。

SNSは解釈が自由な世界であり、どう捉えるかは相手の自由です。

私もSNSを使用していますが、つねにリスクヘッジを意識し、細心の注意を払いながら発信・活用しています。

たとえば、私のセミナーに来てくださるお客さまと、誤解を招くような写真を撮ることは避けています。女性との2ショット写真や女性に囲まれた写真などは、SNSの世界では、いろいろな捉え方をされるでしょう。

要するに、「見た人がどう思い捉えるか」を考慮し、何か少しでも勘違いされるリスクがある写真は撮らない、発信しないことを心がけているのです。

しかしながら、世の中には自分の人生にあえてブレーキをかけるような見せ方をしている人が非常に多い。発信することで、かえってマイナスに作用していることに気付いていない人もたくさんいます。

SNSを活用している人はもう一度、受け取る側の立場になってみることを意識してみてください。

それでもまだ、オンライン上での会話から逃れられないという場合は、相手のコメントが終わるまで自分の意見を書き込まず、相手の手が止まるのを待ちましょう。

そして、相手が言いたいことをすべて書き終えたと思ったときに、ひと言だけ簡潔に自分の意見を送る。すると、相手は自分とあなたに温度差を感じます。自然と相手から連絡をしてくることがなくなるでしょう。

それはそれでいい。無駄な付き合いをなくすことは、自分の時間を豊かに過ごすための準備だと思いましょう。

22 すごい伝え方のコツ

グループでのやりとりは、うまく距離をとりながら付き合う

【友だち関係】で、相手の求める答えを読み取るコツ

相手が友だちの場合、相手が3つのどのタイプに当てはまるか、なんとなく検討がつくため、相手が求める言葉を読み取ることは簡単だと思いがちです。

しかし、本当に仲のいい友だちだからこそ、相手がほしい言葉を察し、それを伝えるよりも、相手が自ら答えに気付くような会話をしてあげることが相手を救うことにつながります。

相手が自ら答えを導き出すためには、2つの極端な例を出してあげるのが得策です。

たとえば、「プロポーズをされたけど、結婚していいか迷っている」と、相談され

た場合はこう言ってみましょう。

「妥協して結婚し、一生我慢しながら結婚生活を送るのと、すっぱり別れて一生独身でいるなら、どちらがいい？」

相反する極論を提示し、自問自答させると「結婚して一生我慢するほうがイヤかも！」と、意外と簡単に自ら答えを出すことができます。

また、友だちが「部署異動されたけど、納得がいかない」と悩んでいるなら、こう問います。

「新しい部署でふてぶてしくみんなに嫌われるような態度で仕事をしていくのと、やりたくない仕事だけど気持ちを切り替えて、好感をもたれるようなかたちで仕事をするならどちらがいいと思う？」

すると、「そりゃ、好感をもたれたほうがいいに決まってる！」と、迷うことなく答えを導き出すことができるのです。

先日、私のところに相談に見えた女性は、「主人のことがイヤでたまりません。どうしたらいいですか?」と、ご主人の愚痴をひたすら話されていました。

ひとまず、彼女の話を聞いたあと、**「……じゃあ、離婚したらどうですか?」**と言うと、**「いや、離婚はしたくないんです!」**と即答しました。

「それならば、それでも一緒にいたい理由があるんですね」と伝えると、「まあ、たしかにそうかもしれない……」とポツリ。その後は、ご主人との馴れ初めを、まるでノロケとも取れるような笑顔で話をし始めたのです。

相手に極端な例を出すことは、相手の頭の整理をさせることを意味します。

人は頭のなかが整理されると、優先順位が明確になります。そしてそれが答えに辿り着くというわけです。

しかし、それでも答えが出ないという人もいます。

それならば、**「私に答えを決めてほしいなら、じゃんけんをしよう。私が勝ったら**

離婚する、私が負けたら離婚しない。それで決めよう」と、提案します。

すると、「**いやいや、ちょっと待って。まだ離婚は考えられない……**」と、思わず本音が出ることもあり、それこそが彼女の答えなのです。

仲がいい相手だからこそ、あえて変化球を投げてあげましょう。

そして、相手が自分で答えを出す方向へと導いてあげることができたら、それこそが唯一の「正解」なのです。

23
すごい伝え方のコツ

2つの極論を与え、相手に決断させる

Chapter 4

会話で絶対にやってはいけない6つのこと

やってはいけないこと①

「否定してはいけない」

誰かと会話をしていると、相手と自分の意見が食い違うこともよくあります。
同じレストランで同じものを食べても、「美味しい」と感じる人もいれば、「ちょっと味が濃いかな」と感じる人もいる。人の感情は千差万別です。

食べ物に対しての感想なら、正直に自分の意見を言うことができるかもしれませんが、仕事や恋愛など人間関係に関することとなれば、相手の状況や立場などを考えてしまい、なんと答えていいか迷うこともあります。

しかし、相手と自分の意見が食い違い、心がザワザワしても、まずは相手を全否定するような言葉を口にしてはいけません。

たとえ親友であろうと、気心の知れた仕事仲間であろうと、「そうじゃなくて」や「でもさ」などと切り出してしまうと、相手は自分の意見を否定されたと思いカチンとくるはずです。すると、そのあとあなたがどんなに相手に賛同しても、意見を聞き入れてもらうことができにくくなります。


とある大会社の社長が「部下と折り合いが悪い」と悩んでいました。

そこで私は「折り合いをつける前に、まずは相手を認めてあげてはいかがですか」と言うと、「それができないんだよ」と答えました。

たしかに、大会社の社長ともなれば確固とした自分軸が確立されています。

その揺るぎない自分軸に従い行動したからこそ、いまの地位を入れることができた。

それは素晴らしいことだと思います。

しかし、社長という地位にあぐらをかき、会社のために一生懸命働いてくれている部下の気持ちを認めてあげることすらできないなら、それは一流の経営者とは言えません。

自分がどんな立場であれ、まずは相手の意見を静かに傾聴してあげましょう。

そして、相手と自分の意見が相反するものであっても、「そうだね、たしかに私があなたの立場だったらそう思ったかもしれない」と答えましょう。

この「私もそうしたかもしれない」という言葉は、相手を否定することもなく、かといって賛同するわけでもない、ちょうどいいニュアンスを伝えるのに最適で便利な言葉です。

相手に安心感を与えるという意味でも非常に便利です。安心すると人の気持ちは穏やかになるので、そのあとあなたがどんなに相反する意見を伝えても、なぜか素直に受け入れてくれます。

以前、私のところにこんな女性が相談に見えました。

「兄弟たちは、親の介護を私に任せきりで何ひとつ手伝ってくれない」と、納得いかない実情を涙ながらに話されました。

もしあなたなら、この女性になんと声をかけるか想像してみてください。

きっと、「介護施設に預けることを検討してみたら?」とか「一度、兄弟ときちんと話し合ってみたら?」というアドバイスをする方も多いかもしれません。

しかし、私はこのように答えました。

「あなたの気持ちはよくわかります。しかし両親は自分を看てくれる人に感謝し、看てくれない子どもに対しては不安をもつでしょう。あなたは自分の親に不安をもたせる状況をつくっていない。つまり、あなたは親を幸せにしています。両親を大切にすべきときにできない人は、きっとあとで後悔すると思います。あなたはいまできることを精一杯、ご両親にしてあげてください」

そう言うと彼女は、「私は親に幸せを与えている幸せな存在なんだ」という事実に気付きます。いままでは自分を「かわいそうな人間」としか見ていなかったけれど、このひと言で「私は幸せ」とインプットされました。

こうなると、「幸せな自分」が潜在意識のなかに上書きされ、幸せになるように作動し始めます。そうなると、新しい気持ちでご両親、兄弟と向き合うことができるのです。

つまり、どんな相手であれ、相手の気持ちを認めたうえで、さらに相手の気持ちがプラスに作用する言葉を添えてあげる。それが相手を満たす会話につながるのです。

24 すごい伝え方のコツ

否定されない会話が、相手を満たすことを知る

やってはいけないこと❷

「勝ってはいけない」

世の中には理不尽な出来事がたくさんありますが、私はどんなに理不尽なことがあろうと怒りません。なぜなら、潜在意識レベルで「怒らない」と決めてしまっているからです。

もちろん、私のまわりに火種がないわけではありません。自分のことならまだしも、家族やスタッフなどに対して起こる理不尽な出来事に関しては、心穏やかでいられなくなるときもあります。

以前、私の歯科医院のスタッフが、ある患者さんに「診療の予約したはずなのに、なぜこんなにも待たされるのか」とクレームを言われたと報告を受けました。

担当したスタッフに確認すると「その日の予約ではなく、翌日の同じ時間に予約を受けている」とのこと。

明らかに患者さんの思い込みで文句を言っているとわかりましたが、そんなとき、「本日のご予約は承っておりません。あなたの思い込みです」と事実を伝えたところで、相手は納得しないでしょう。

このように、相手が怒っている場合は、どう伝えたらいいでしょうか？

その答えは、「こういうときこそ、相手に寄り添うこと」です。

怒りは第二の感情と言われており、怒る感情にはかならずその下に何かしらの理由があります。

クレームを言う人は明らかに「感情型タイプ」が多いです。

よって、私は患者さんのメンタルに寄り添うことを意識しつつ、具体的な代替日時を提案しながらていねい謝罪をしました。

すると、患者さんも冷静さを取り戻したようで、「悪かったね。勘違いしちゃって」と謝罪しながら納得して笑顔で帰られました。

自分の勘違いでクレームをつけるなんて、なんとも理不尽な人だと思いがちですが、接客とはそういうリスクがついてまわるものです。

想定内のことと認識すべきですが、接客だけでなく、ビジネスシーンや友だち、恋愛においても、理不尽なことや見過ごすことができないと思うことは多々あります。

そして、相手をその場で打ち負かすことに必死になっている人も少なくありません。

しかし、世の中に完璧な人などいません。あなたからすると明らかに相手が間違っていると感じても、あなたが100%正しいとは言い切れません。

怒りの多くは価値観の相違から生まれます。いったん火がついてしまうとすさまじいエネルギーを発し、いままで積み上げたキャリアや信頼関係を一瞬で破壊する力をもっています。

つまり、自分が100%正しいと言えないにも関わらず、怒りの感情を相手にさらすことはあなたにとってマイナスにしかなりません。

だからこそ、ケンカは負けるが勝ち。

長いスパンで考えると、相手に勝たせて相手をスッキリさせてあげるほうがいい。その場で相手を打ち負かし恨みを買うようなことは、結局は自分にとって損をすることにつながります。

したがって、いくら理不尽なことがあっても、一度冷静になってその問題を客観的に見つめてみましょう。「自分の意見が正しいとは限らない」とわかっていれば、「相手が間違っている」という思い込みを手離すことができ、自分がいままでもち得なかった新しい思考が見えてくるかもしれません。

新しい思考に気付く。それこそがあなたにとって、成長の証です。

そして、それは潜在意識のなかに新しい情報として貯蔵されます。

つまり、あなたに文句を言う人、怒ってくる人は、あなたが成長するきっかけを与えてくれる人。つまり、あなたにとって必要な人なのです。

25

すごい伝え方のコツ

あえて負けて、最後に勝つ

やってはいけないこと 3

「好かれようとしてはいけない」

相手に好かれようとする行為は、かえって相手に嫌われる可能性があります。

なぜなら、相手に好かれたいという気持ちばかりを意識しながら会話をすると、口先だけの心ない会話をしてしまうからです。

この本のなかで何度もお伝えしているように、人にはかならず、自分の経験に基づいた自分軸をもっています。そして、その自分軸に沿った言葉が、その人のオリジナルの伝え方です。

オリジナルだからこそ、真実味があり相手の心に響きます。

しかし、相手に好かれたいと思うと、カッコつけたり、相手に媚びたり、必要以上に相手に共感しようとする傾向があります。

相手に好かれることを優先していると、あなたオリジナルの言葉は消されてしまいます。つまり、それはあなたの魅力をなくすことにつながります。

そもそも、相手に好かれようと相手の顔色ばかり気にしている姿は、どんな人であれ、カッコわるい。

社長の顔色をうかがってばかりの上司、先生に好かれようと媚びを売る母親など、相手に好かれようと相手によって態度を変える人は、はたから見ていても気持ちのいいものではありません。

そして、ビジネスや恋愛のシーンだけとは限らず、家族という狭く身近な間柄ですら、相手によって態度を変えるという人も多いようです。

子どもの一挙手一投足を気にする過保護な母親や、娘に嫌われまいとなんでも買い与える父親、子離れ・親離れできず、互いに依存し合っている親子など。

自分の生活の基盤が子ども中心という親も多いですが、それでは自分軸どころではなく親としての威厳を保つことすらできません。


あなたがいま、「相手の顔色が気になる」「相手が何を考えているか気になって仕方ない」「自分よりも相手を優先する」と思う特定の人がいるのなら、あなた自身が自分を見失っている可能性があります。


まずは、自分を取り戻しましょう。

そのためには信念をもち、ぶれない自分軸をもつことです。

確固たる自分軸があれば、相手が誰であれ、どんな状況であれ、外的要因に心を揺さぶられることはありません。

そして、ぶれない自分軸をつくるには、あなたの言葉を変えることが先決です。

言葉が変わり、自分軸が確立すれば、どんなことがあっても強い自分でいられます。

それに「相手に嫌われたくない、好かれたい」という一心で、自分の意見を言わず、相手に同意するだけの会話は、相手にも伝わるものです。

それならば、相手に合わせるのではなく、自分軸に沿ったオリジナルの言葉で会話をするほうが、相手に好印象を与えます。

上辺だけの会話では、本質は伝わりません。自分軸に基づいた素直な意見を伝えることこそ、相手が求める回答なのです。

26

すごい伝え方のコツ

相手の顔色ばかりうかがうのはやめる

やってはいけないこと 4

「むやみに褒めてはいけない」

「先生って、2つのお仕事を掛け持ちされて本当にすごいですね！」とか「歯科医師もされながら、ベストセラー作家とは素晴らしい」など、お褒めの言葉をいただくことがあります。

気心の知れたスタッフやクライアントであれば、「でしょ！」なんて、冗談まじりで答えることができますが、相手がどんな方なのかわからない場合は、ひとまず「いやいや、そんな大したことありません」と、謙遜した返事をすることもあります。

少々気恥ずかしい気はしますが、褒められれば誰でも素直にうれしいものです。

たしかに、褒められて気分を害する人はいませんが、一方でやたらと褒め言葉を連呼するのは、相手を困らせる可能性があることも覚えておいてください。

たとえば、お会いして開口一番に、「今日のスーツ、とてもお似合いですね」とか「今日のメイク、似合ってますね」と言われたら誰でもうれしくなります。

ポジティブな言葉は、一瞬でその場の気を変える力がありますので、相手と楽しい会話をしたいなら、これを利用しない手はありません。

だからこそビジネス書や自己啓発本には、「とにかく相手を褒めましょう」という文言が並んでいるのです。

しかし、こうした本を読んでいると、「とにかく相手を褒めさえすればいい」と、安易に思い込んでいる人が多いのも事実です。

とくに、会話に苦手意識をもっている人は、少なからずこのような類の本を読んできた方も多いのでは？　だからこそ内容を鵜呑みにし、「とにかく褒めればいいんだ」と刷り込まれている可能性が高いです。

しかし、「相手をとにかく褒めればいい」とは一概に言えません。

私の話を例にすると、「次々とベストセラーを出されてすごいですね」などと褒められても、「じゃあ、どの本が一番好きですか?」と質問すると、「それは、えっと……」と、口ごもってしまう人もいたりします。

つまり、相手をきちんと理解したうえで「誠意ある褒め言葉」なのか、「薄っぺらい上辺だけの褒め言葉」なのかは、その後の質問やリアクション、会話の内容で簡単に相手にばれてしまうことがあります。

また、オフィシャルな場や大人数で会話をする場合、一人だけを集中的に褒めるというのも意味合いが違ってきます。

「○○さんは、本当に最近がんばっているよね」「○○さんの企画書は本当に素晴らしかった」など、大勢の前で、誰か一人だけを褒めることは、まわりから嫉妬を買い、それが人間関係をこじらせる原因にもなり得ます。

だからこそ、むやみに相手を褒めることは危険。褒め言葉を伝えることで起こり得るリスクを考慮しながら口にすることを意識してください。

また、子育てにおいても「とにかく褒めればいい」と信じ込んでいる親御さんも多いです。

いわゆるベストセラーと呼ばれる子育て本には、「子どもは褒めて育てよう」「子どもを伸ばすには、褒めることが大事」など、褒めることこそが成長への手引きだと書かれています。

しかし、私はそうは思いません。

なぜなら、子どもを褒めることは、相手を下に見ていることの表れだからです。そして、子どもは親に褒められることだけを目標、生きがいにしてしまう可能性もあります。

子育てにおいて本当に必要なのは子どもを褒めるのではなく、一人の「人」として、対等に扱ってあげること。

子どもだからといって、あいまいな返事、あいまいな教育をせず、大人に教えるように接することこそ一流の教育です。

私には今年で26歳になる娘がいますが、幼い頃から、私が本に書いているようなことを教育の軸として育ててきました。

いま思えば、当時は理解できっこないと思うような言葉を使い、大人に話すときと同じような口調で接してきました。

いま彼女は、私と同じように歯科医師として働いていますが、娘を見ていると私よりも質の高いコミュニケーションができていると、父親ながら感心することがあります。

つまり、いいコミュニケーション、いい会話をするためには、親とのコミュニケーションの質が根底にある気がしてなりません。

子どもは親の背中を見て育ちます。むしろ、親の背中しか見ていません。

あなたのご両親とのコミュニケーションの質が、いまのあなたのコミュニケーションの基盤となっていることは紛れもない事実です。

であれば、親として子どもにしてあげられることは、ただひとつ。

いい子どもを育てるのではなく、自分がいい親になることです。

いい親とは子どもが見て「お父さん、カッコいい」「お母さんみたいになりたい」と思える親だと思います。

そのためには、どんな状況であれ、取り乱すことがない確固たる自分軸をもち、それにともなった行動をすること。

そして、子どもを子どもとして扱わず、一人の「人」として扱ってあげることです。

親が変われば、間違いなく子どもも変わります。

いい子どもに育てたいと思うなら、自分自身が変わることが近道。

そして子ども自身も、外的要因に惑わされることないぶれない自分軸を形成することを自然に身につけることができます。

27 すごい伝え方のコツ

何も考えずに褒めるのはやめる

やってはいけないこと 5

「特別扱いしてはいけない」

人は日々さまざまな人と出会っています。

同じように見える毎日でも、道ですれ違う人、電車のなかで隣に座る人など、毎日新しい出会いを繰り返しています。

私も歯科医師として患者さんと接したり、作家としてさまざまなジャンルの方たちとお会いしますが、すれ違うだけではなく、会話する機会を与えられた人とは何かしら縁がある人だと思っています。

だからこそ、一期一会を大切にし、そのとき与えられた時間をよりいい時間にしたい、そう考えています。

しかしながら、人はあらゆる物事に対して、無意識に優先順位をつけています。「仕事より自分の趣味の時間を大切にしたい」「友だちより彼氏のほうが大事」のように、無意識に自分のなかでどちらが大事かを選んでいます。

そのときの状況により多少変化することもありますが、この優先順位は自分軸に沿った思考が顕著に出やすい部分と言えるでしょう。

同じように、人に対しても無意識に優先順位をつけています。

たしかに、誰でも苦手な人、相性が悪いと思う人の一人や二人はかならずいるので、少なからず優先順位をつけてしまうのは致し方ないことです。

しかし、人間関係のよし悪しは「相性」が作用しますので、あなたが苦手だと思う人は、他人から見たら「いい人」である可能性も大いにある。

だからこそ、自分の指針で悪く言うのは間違っています。

でも、実際に苦手な人を好きになるのは難しいもの。であれば、最低限の付き合いをすることがベストだと思います。

ただし、同じフィールドで出会う人に対して優先順位をつけるのは非常にリスクがあることを覚えておいてください。

私のセミナーに来てくださったお客さまを例にすると、自分の優先順位によって、相手によって不公平な対応をするのは、非常に危険です。

なぜなら、ライバル意識を抱かせる可能性があるからです。

たとえば、「あなたとは一緒に写真を撮ってあげるけど、あなたとは撮らない」とか、「この人のプレゼントは受け取るけど、この人のものは受け取らない」など。

私はこういうことがないように、細心の注意を払いながらお客さまと対応することを徹底しています。それがお客さまへの誠意です。

セミナーのお客さまだけでなくても、「あの会社には○○してくれたのに、うちの会社にはしてくれない」などと言われることがないように、同じフィールドのクライアントに対する行動も平等であるよう心がけています。

同じ業界というのは、意外と狭い世界です。自分の行動がいつ誰に伝わるかはわからないというリスクをつねに意識して対応することが大事です。

つまり、どんな相手であれ不公平な対応を取らないことが、円滑なコミュニケーションの基本なのです。

28

すごい伝え方のコツ

特別扱いをして、嫉妬を買わないようにする

やってはいけないこと 6

「無理に付き合わない」

私はもともと人付き合いが苦手でした。この本を読んでくださるあなたも、かつての私のような方が多いかもしれません。

しかし、いろいろな先生方や患者さんと出会うなかで、自分を成長させてくれるものこそが「人」であると気付いたのです。

そうと気付いてからは、人間関係を広げようと行動しました。

自分を成長させてくれる人生の先輩や成功者の方たちの話を聞いていると、一流と呼ばれる人は、「ほどよい距離感を保つのが上手」だと気付きました。

パーティやイベントなどでも、一流といわれる方たちのまわりにはいつも人が集まっています。しかし、決して群れることがなく独自のスタイルを維持しています。だらだらと雑談することも、二次会、三次会まで付き合うことも、酔っぱらって醜態をさらすこともなく颯爽《さっそう》と帰ります。

そういう無駄のない行動が、さらに一流というブランドをつくり上げていくのです。これは一流に限った話ではありません。いい人間関係を維持したいと思ったら、まわりの人とほどよい距離感を意識することが大事です。

いまは誰もが学校、職場、友だち関係、趣味、サークルなど、何かしらのグループやコミュニティに所属しながら生活をしています。

しかし、そこで出会う人たちは本当にあなたにとって必要でしょうか？

いい人間関係を築くには信頼関係が不可欠ですが、自分が成長するために必要な人たちでなければ思い切って断ち切るという選択も必要です。

「断捨離」という言葉は、断ち、捨てる、離すと書きますが、人間関係もときにこの断捨離が必要だと思います。

29
すごい伝え方のコツ

無駄な付き合いは、勇気をもって断ち切る

不必要なものを断つと必要なものだけが残ります。それは物理的に当たり前のことですが、しかし、人間関係においての断捨離は、あなたの交友関係を狭めるという意味ではありません。

なぜなら、いまのあなたにとって不必要だと思う相手を断っても、その空いた席にはかならずまた新しい誰かが座ります。そうやって、新しい出会い、別れを繰り返すことが自然なことであり、あなたに必要なことです。

つまり、相手とどう関わればいいか悩む以前に、その相手が本当に必要な相手なのかをあらためて検討するのです。

自分にとって、無駄な付き合いだと思うなら切り離す選択をもちましょう。

そうやって、常に自分をアップデートすることが、自分というブランドを確立するための手助けになるのです。

Chapter 5

どんなコミュニケーションにも困らない自分を確立する

「理想の自分」のイメージトレーニングが、知識の貯蔵庫へ蓄積される

ここまで伝え方や回答力についてお伝えしてきましたが、回答力を磨けば会話上手になれるだけでなく、自分を唯一無二の存在として、相手に印象付けられることがおわかりいただけたでしょう。

どんな言葉を選んで相手に伝えるか、そこに少しの意識をもつだけで、周囲に与えるあなたの印象は飛躍的にアップします。

世界ナンバーワンコーチと言われているアンソニー・ロビンズの言葉に、

「The quality of your life is the quality of your communication.（人生の質はコミュニケーションの質で決まる）」

というものがあります。

まさにこの言葉のとおり、あなたの人生を決めるのはコミュニケーションであり、そのコミュニケーションを司《つかさど》るものこそ「伝え方」なのです。

アメリカでは「もっとも習得したい能力のひとつは、コミュニケーションである」と言われており、日本の企業も語学力よりもコミュニケーション能力の高い人材を求めています。

「夫婦間はコミュニケーションが大事」や「コミュニケーションスキルがすべて」という言葉もよく耳にしますが、会話に苦手意識をもつあなたは、こんな言葉を目にするたびにネガティブな感情を抱いてきたかもしれません。

しかし、会話に苦手意識をもっているということは、質の高いコミュニケーションがどんなものかイメージをもつことができていることにつながります。
誰でも一度はこんなふうに思ったことがありませんか？

「あの人は会話が上手だな」
「あの人は何を聞いてもスムーズに答えることができる」
「あの人はどんな人とでも楽しく会話できる」

こう感じることは、一見相手を羨むだけのネガティブな感情のように思いがちです。
しかし、比較対象があってこそ、自分のレベルを計ることができる。
つまり理想的な会話のイメージをもっていることが、じつはとても大切なのです。
誰でもイメージがないことを実現するのは非常に難しい。
ここでいう「イメージすること」は、誰かを見て、そのイメージを記憶すること、
つまり、自分のなかの「知識の貯蔵庫」に情報を入力していくことを意味します。
知識の貯蔵庫とは潜在意識と直結しており、私たちがあらゆる行動を起こすきっかかけをつくる原動力の部分です。

会話が下手だという自分の過去のイメージよりも、会話上手な人を潜在意識のなかに上書き保存をする。

潜在意識は主語を認識しないので、無意識に「上手に会話をしている自分」に向かって動き出します。

話が少しそれますが、私は週4回ジムに通い、理想的な身体づくりを維持しています。なぜなら、理想的な体型のイメージをつねにもっているから。

そのイメージに近づけるためにはどこに筋肉をつけたらいいかを考慮し、トレーニング内容を変えています。

イメージをもたず、やみくもに筋トレを続けるよりも明確なイメージがあってこそ、短期間で効率的に理想の体型を手に入れることができるのです。

自分の行動を司る原点は「イメージ」をすること。

そのためには、会話上手な人と話したり、会話の講座やセミナーに足を運んだり、本を読んで学んだりすることが非常に大事です。

そうやって、理想の自分をイメージすることで、あなたの潜在意識が活性化され、おのずと会話上手な自分へと導いてくれるのです。

30

すごい伝え方のコツ

理想のコミュニケーションをイメージする

コミュニケーションとは、エネルギーの交換である

前述したとおり、私は誰かと会話をするとき、相手が発する言葉だけでなく、相手の表情や気を見て会話しています。

よって、声のトーンや相手の表情が見えないSNSコミュニケーションと、対面でのやり取りを混同することはありません。

SNSは能動的に利用するのが正解で自分勝手なものとは言いましたが、よくネットニュースで話題になっているようなSNSがらみの炎上ネタには、あきれた気持ち

になってしまうこともあります。

テレビに出ているタレントがお酒の席でのネタを酔った勢いでSNSに投稿したり、特定の人を傷つけるような投稿をしているニュースを見ると、「テレビではとても話が上手なのに、これではコミュニケーション上手とはいえない」と感じます。

SNSにより、コミュニケーションのスタイルはずいぶん変わりました。コミュニケーションが簡単に操れるようになったからこそ、そこに生じる人間関係のトラブルも複雑化しています。

だからこそ、TPOにあった服を選ぶように、コミュニティ別、シーン別でその場にふさわしい言葉を選びながらコミュニケーションできるスキルが、いまの時代には必要です。

ではここで「そもそもコミュニケーションとは何か」という少し踏み込んだ話をしたいと思います。

コミュニケーションとはひと言でいうと、エネルギーの交換です。この目に見えないエネルギーの気の流れを、言葉という手段に落とし込んでいるのが会話です。

会話によるコミュニケーションとは、あなたと相手、それぞれの知識の貯蔵庫から発せられる言葉の交換をすること。

つまり、潜在意識の対峙がコミュニケーションの本質と考えます。

相手と意見が合わないとき、「あの人とは気が合わない」と表現しますが、この「気が合わない」とはよくできた言葉だと思います。

つまりこれは、潜在意識のレベルで相手と合わないことを意味します。

反対に「この人とは気が合う」と思う相手も、潜在意識のレベルで合っている相手であり、「会話」そのものが上手というわけではありません。

歳が離れた人やまったく違う職業の人など、自分と共通するものが何もない相手でも、なぜかわかり合えたり、馬が合うと感じるのは、潜在意識のレベルで相手とわかり合うことができているということ。

であれば、知識を増やし、潜在意識を上達させることができれば、いかなる場所であれ、相手であれ、その場にふさわしい会話が自然とできるようになります。

そのためには、日頃から知識の貯蔵庫にできるだけ多くの情報をインプットさせておくことが必要不可欠です。

31

すごい伝え方のコツ

日頃からインプットを欠かさず、潜在意識を上質なものにしておく

会話下手な人が陥りがちな3つの思考パターン

会話で悩んでしまう人は、次に挙げる3つの思考に陥っている可能性があります。

（1）会話の主導権は「質問者」にあると思っている

会話の主導権を握るのは質問者にある、という考えが蔓延していますが、はたしてそれは正解なのでしょうか。

たとえば国会中継などで、野党議員の鋭い質問にたじたじとなる与党議員の滑稽さがワイドショーで恰好の的になったり、不貞をスクープされた芸能人がインタビュアーの重箱の隅をつつくようないじわるな質問に額に汗を滲ませながら答える……。

こんなシーンを誰でも一度は見たことがあると思います。

新入社員の面接などでも「圧迫面接」という言葉も生まれたように、質問する側がつねに権力を握っているというイメージが、潜在意識に植え付けられているのかもしれません。

実際に「質問力」を磨く本は数多く出版されているのに、回答に対してレクチャーしてくれる本は意外なほど少ない。これはつまり、会話の主導権が「質問者」であるということの思い込みが、影響しているように思えてなりません。

会話は質問と回答を繰り返すことで成り立つものです。

つまり、あなたは質問者でもあり回答者でもあるということ。だからこそ、質問されることに恐怖心を抱かなくてもいいのです。

(2)「簡潔」と「短絡的」をはき違えている

ビジネスシーンにおいては、明確なレスポンスが求められます。クライアントへの対応、上司への報告、部下の質問に対する答えは、気の置けない仲間や家族にするものとはまったく異なるものです。

一般的に、ビジネスシーンでの理想的な伝え方は、「的確でシンプルである」こととされており、多くの人が「言葉は短く、要点を絞って簡潔に」を意識している人も多いと思いますが、はたして正解なのでしょうか？

たとえば、取引先との打ち合わせから帰社したあなたに、上司が次のような質問をしてきたらあなたはどう答えますか？

上司「△△社との打ち合わせ、どうだった？」

一般的に浸透している答え方で返すとしたら、

あなた「○○の件はうまく話が運びました。心配していた××の件も進められそうです」

確かにシンプルで結果がわかりやすく、上司の知りたかったことに的確に答えているといえます。

では、次のように答えるのはどうでしょう。

あなた「〇〇の件は担当のAさんの配慮により、話がうまく運びました。心配していた××の件も進められそうです。帰りの電車でAさんと遭遇したとき、はじめはコストがかかりすぎることでNGになる予定だったようです。これもおそらく、Aさんが影で我が社のために尽力してくれたおかげでしょう」

前者のような、簡潔に要件だけをまとめた答え方では、結果の情報しか受け取れません。

しかし、後者のような答え方は、結果だけでなく、それに付随する確かな情報も受け取ることができ、また、自分とクライアントの良好な関係性さえもアピールすることができます。

つまり、「的確にシンプルに答える」ということは、情報の枝葉をすべてそぎ落とした短絡的な回答をすればいいという意味ではないのです。

また、「相手が必要としている情報の精査を自分のものさしで計ってしまうこと」という問題もあります。

相手がどういう立場でその質問をしているか、相手の背景を察し、相手により有用な情報提供ができる枝葉を残して伝えること。

そして、相手の質問の裏にある背景を察するために必要なのは、普段から知識の貯蔵庫にあらゆる情報を蓄えておくことです。

相手にとって、期待以上の回答をすることができたら、あなたとの会話を間違いなく有意義なものと感じてくれるでしょう。そして、他の人にはないあなただけの魅力、価値に気付くはずです。

これこそ、伝え方で自分というブランドを確立するための近道です。

(3) 相手は「答え」を求めていると考える

女性とショッピングを楽しんでいるとき「これとこれなら、どちらの服がいい?」と聞かれたら、男性はどう答えるべきでしょうか?

この質問は、男女間コミュニケーションの難しさを論じる際、よく引き合いに出される例です。

「こっちのほうが似合うよ」と言えば、「えー、こっちもいいと思うけど」と言い、「そっちも悪くないよ」と返せば、「でもこっちのほうがいいんでしょ?」と、機嫌が悪くなる。

かといって、「自分の気に入ったほうにすれば?」と言うと「一緒に選んでほしいのに」というように、結局、女性がなんと言ってほしいのかわからず、次第に険悪なムードが漂ってしまう。

男性の立場であれ、女性の立場であれ、これと似たようなシチュエーションを経験

32
すごい伝え方のコツ

会話で陥りがちな3つの思考パターンを外す

したことがある人は少なくないはずです。

男性は「答えを求められている」と思い誠実に答えたが、女性は「共感してほしい」「共同作業を楽しみたい」という気持ちが優先しているため、「そんなに簡単に決められるわけないでしょ！」と感じて、気分を害す。

まさに男女の思考の違いが起こしたコミュニケーションのすれ違いですが、このように相手が質問する意図を汲み取れずに回答をすると、軋轢《あつれき》を生じることになりかねません。

これは男女間に限らず、すべての会話コミュニケーションにおける不具合の典型的な例といえます。

「会話が続かない……」を打破する方法

会話に苦手意識がある人は、一対一で「会話が続かない」ことに不安を抱いている方も多いはずです。**会話が続かない原因は、相手の質問に対して、ひと言で答えを終えてしまうこと。つまり、一問一答になってしまうということです。**

たとえば、次のような一問一答の会話では、エネルギーの交換がおこなわれないことがわかるはずです。

Aさん「どこにお住まいですか？」

Bさん「北海道です」
Aさん「北海道って、いまはもう涼しいんでしょう？」
Bさん「まあ、そうですね」
Aさん「東京にはどのくらいのペースで来られるんですか？」
Bさん「だいたい月に2、3回のペースです」
Aさん「診療もあるなかで、お休みも少ないんじゃないですか？」
Bさん「いえ、休みは普通に取っていますよ」

これではまるで尋問のように感じてしまいますが、なかには「この会話のどこがいけないの？」と思う人もいるかもしれません。しかし、あきらかに寂しい気がしますし、言葉にエネルギーを感じることができません。

一問一答になってしまうのもまた、真面目な人が多いようです。質問に対して、ウソ偽りなく忠実に答えようとするため、答え終わったところで会話が終わってしまう。

こうなると、相手は次から次へと質問を投げかけ、会話が続くネタの手探りを始めることになります。

しかし、手探りを続けたまま一問一答を続けるのは、質問者も回答者もお互いが疲れてしまいます。では、次の会話はどうでしょうか？

Aさん「どこにお住まいですか？」
Bさん「北海道です。いまはもう涼しいですよ。あなたはどちら？」
Aさん「東京です。北海道はもう涼しいんですね」
Bさん「ご出身が東京で？」

Aさん「いえ、出身は九州です。北海道へは家族旅行で行ったことがあります」
Bさん「へぇ、北海道のどちらへ？」
Aさん「札幌の雪まつりに行きました。九州では経験したことがない雪の量に驚きました！　北海道はどちらにお住まいですか？」
Bさん「帯広です。札幌とはまた違って自然が豊かですよ。九州へは仕事で月に一度は福岡県に行っています。ショッピングが好きなので、時間ができたら○○百貨店に行くのが密かな楽しみなんですよ」

2つの会話を比べてみると違いが明確ですよね。

2つ目の会話にはテンポがあり、躍動感があります。お互いが自分の体験談を交えながら相手に投げかけ、会話が膨らむための共同作業をしている。

つまり、これがエネルギーの交換がおこなわれる会話です。

誰でも初対面の人から聞かれる同じような質問があると思います。

たとえば、珍しい苗字の方であれば「どんな漢字を使うのですか？」とかならず聞かれ、いままでも何度も答えているはず。**そのように、誰もが想定できる質問には、あらかじめ答えを用意しておくのも良策です。**

たとえば、

「わたしの名前は○○と言います。珍しい苗字で、全国で3世帯しかいないんです」

「わたしは○○と言います。平凡な名前ですがスティーブ・ジョブズと同じ誕生日なんですよ」

など。

挨拶程度の定型的な質問や、マニュアルどおりの質問がきそうな場面では、あえて先回りして答えてしまってこちらから一歩踏み込んだ回答をすれば、相手との距離がぐっと近くなることもあります。

33

すごい伝え方のコツ

よく聞かれる質問には、あらかじめ答えを用意しておく

すごい伝え方を身につける究極の方法

ここでは私の専門分野である潜在意識と知識の貯蔵庫について、詳しくお話したいと思います。

知識の貯蔵庫とは、一人ひとりが自分の内にもっているもので、この世に生を享《う》けた瞬間から、いままでに獲得してきたさまざまな情報を蓄えているところです。パソコンに例えるなら、核となるソフトウェアのようなもの。

しかし、容量に限りはなく、情報は無限に貯蔵することができます。この知識の貯

蔵庫は潜在意識と直結しており、ここにどんなものをインプットさせるかで、私たちの思考や行動が決まります。

意識には「顕在意識」と「潜在意識」がありますが、普段、認識しているのは顕在意識のみです。

よく「海に浮かんだ氷山」に例えられるように、意識全体の４パーセントしかなく、残りはすべて潜在意識といわれています。

知識の貯蔵庫とは、日々アップデートされており、今日得た情報は新しくこの知識の貯蔵庫を通じて潜在意識にも組み込まれていきます。

「ネガティブな情報を入れてはいけない」と述べましたが、その理由は、ネガティブな情報は知識の貯蔵庫に不安要素として蓄えられ、私たちがなりたい自分になるために行動を起こす際のハードルとなることがあるからです。

たとえば、幼い頃からマイホームをもつことが夢だった人がいるとします。

結婚し、家族もできた彼は、ついに長年の夢だった家を手に入れようと、不動産会社に出向きました。

しかし、イメージしていたよりも高額な物件しかありません。

そして、いろいろな不動産会社に足を運ぶことになりました。

しかし、なかなか自分の希望に合う物件が見つかりません。

もともと慎重な性格の彼は、営業マンが言う「将来の物件価値の値下がり」の情報や、家が傷んだ場合の高額なリフォーム費用など、ネガティブな情報ばかりに気を取られるようになってしまいました。

つまり、無意識に知識の貯蔵庫に、家を買うことに対する不安要素ばかりをインプットさせてしまったのです。

そして、とうとう彼は家をもつのはリスクが高すぎると思うようになり、マイホームを断念してしまいました。

マイホームをもつことには当然メリットもある。

しかし、彼は知識の貯蔵庫の使い方を間違ってしまったために、昔から抱いていた夢を自分から遠ざけてしまったのです。

この例からわかるように、知識の貯蔵庫とは、何かを決断したり行動したりする際の原動力となるもの。

その機能をきちんと把握し上手に活用することができれば、なりたい自分を最短で叶える劇的なツールとなります。

しかし、使い方を誤れば、真逆の結果を招いてしまうこともあります。

会話は、この知識の貯蔵庫が肥えているほど上手ということになります。

なぜなら、会話が上手な人は、膨大に詰まった知識の貯蔵庫から、相手に寄り添った会話をするための情報を無意識に取り出すことができ、それを会話に生かすことができるから。

では、知識の貯蔵庫を使いこなすにはどうしたらいいのでしょうか。

もしあなたが「歳が離れた人と話すのは苦手」と感じているなら、「苦手」というネガティブな感情からは何も生まれません。

しかし、「歳が離れた人と話すのは難しい。ならば、その世代の人たちの間では何が流行っているのか調べてみよう」とポジティブな思考に切り替えた場合、どうなるでしょうか？

知識の貯蔵庫は、あなたが興味を示したものについての情報を無意識に引き寄せます。すると、いままであなたが知らなかった新しい情報が自然と流れ込んでいくことに気付くでしょう。

つまり、あなたがほしいと思った情報をインプットすれば、潜在意識が勝手にその情報を引き寄せてくれるのです。

潜在意識を制する者は、人生を制します。

会話力を身につけたいと思うなら、ポジティブな言葉を使うこと。
すると、あなたの知識の貯蔵庫はポジティブな言葉であふれます。
そして、これが最短で会話上手になる究極の方法なのです。

34

すごい伝え方のコツ

普段からポジティブな会話を心がける

最後は、「ありのままの自分」が武器になる

理想の自分をイメージし、そのための情報をインプットすれば、自然とその理想の自分になるための行動ができるようになります。

その「なりたい自分」こそが、自分軸であり、あなたというブランドを構築するための源になります。自分軸とは先にも述べたように、あなた独自の体験や思考回路に基づいた完全オリジナルのもの。

ここまで述べてきたさまざまなノウハウも、この自分軸なしで考えては無意味なものになってしまいます。

この本が「手っ取り早く会話上手になるためのノウハウ本」とは少し違うと言った理由はここにあります。

もし、あなたが「自分軸」という言葉にピンとこないなら、ここで少し、自分の棚卸しをしてみてください。自分の棚卸しとは、いまの自分のなかにあるものを、あらためて確認する作業です。

次の質問にひとつずつ、答えていってみてください。

□あなたの好きなものはなんですか？　なぜそれが好きなのですか？
□あなたの嫌いなものはなんですか？　なぜそれが嫌いになったのですか？
□どんなことをしている時間が一番楽しいですか？
□どんなことをしている時間がもっとも苦痛ですか？
□いま、目標はありますか？
□なぜその目標を抱くことになったのでしょうか？
□好きな本はなんですか？

□好きな映画はありますか？
□先週のお休みは何をしましたか？
□好きなスポーツ選手はいますか？
□小さい頃はどんな子どもでしたか？

これらの質問に、まったく同じ回答をする人はいません。すでにあなたという存在が唯一無二のものだからです。

つまり、誰かがあなたに質問をするとき、あなたに意見を求めてきたとき、相手はあなたならではのオリジナルの言葉を求めています。

回答力を磨いて自分軸をもつとは、自分をいま以上に大きく見せたり、いまの自分にないものをあたかもあるようにふるまったりすることではありません。

自分だけのオリジナリティあふれる伝え方をする。ただそれだけでいいということなのです。

冒頭でも述べたとおり、この本を手に取ったあなたは「とても真面目でいい人」です。であれば、ほんの少しだけ選ぶ言葉を変えるだけで、きっといま以上にあなたの理解者やファンが増えることになるのは間違いありません。

人生の質は、伝え方で決まります。

回答力を磨き、自分軸を構築すれば、怖いものはありません。

高価な洋服やアクセサリーなど一切必要ない。言葉さえあれば、あなたの人生はあなたの描くとおりに変えることができるのです。

35
すごい伝え方のコツ

あなたは、あなたらしい伝え方をすればいい

あとがき

「時代を引き寄せる人になりなさい」
私がセミナーなどでよく使う言葉の一つです。
世の中は、8割の凡人と2割の天才からできています。その見分け方は至って簡単。時代に乗っている人が凡人で、時代をつくり出す人が天才です。

いままで私は何冊も本を出版してきましたが、一冊の本を制作するということは、まさにチームプレー。私という材料を使い、あらゆる角度、切り口から私をどう調理するか知恵を出し合い、ひとつの作品に向けて尽力します。

そのなかで、つねにみんなが統一して意識することは、「いままでにない本をつくろう」ということ。過去にどれだけ売れた本があっても、それと同じ切り口、同じ内容でつくることはあり得ません。

いままでにないものをつくり出すことは、前例がないということであり、一見すると難しいと感じる人もいるでしょう。

しかし、いままでにないものをつくることほど、簡単なことはありません。

なぜなら、「どこを探してもないもの＝新しいもの」だから。むしろ、これほどわかりやすいものはありませんよね。


本書のなかでも触れたとおり、会話の苦手意識を解くには、「いままで誰も言わないようなポジティブな言葉」を習慣化して使うことであると私は考えます。

要するに、言葉を使ったセルフプロデュースにより、あなたの潜在意識を変化させれば、あなたの自分軸をつくり上げることができる。

そして、その自分軸こそがあなたの会話を手助けする「すごい伝え方」になるということです。その仕組みは、すでにおわかりになっていただけたと思います。

しかし、ここで気付いていただきたいのは、あなたの自分軸をつくること自体が、いままで誰もしたことがないということ。それはつまり、あなたが時代をつくる人になれることを意味します。

「時代をつくるなんて、私には無理」と思う人もいるかもしれません。

しかし、この本を読めば、いかにあなたは特別な存在であり、世界に一人しかいないオリジナリティをもった人間であることがわかったのでは？

だからこそ、あなたは時代をつくる人になれるし、時代を引き寄せることができる人にもなれる。あなたの可能性は無限です。

この本を制作するにあたり、あらためて「伝え方」や「回答」というものと向き合ってみると、日常の何気ない会話こそ、もっとも自分らしさが出ることにあらためて気付かされました。

そして、

「おはよう」と言えば、「おはよう」と返してくれる。
「ただいま」と言えば、「おかえり」と返してくれる。

そんな人こそ、自分にとってもっとも大事な人であり、もっとも自分のオリジナルを理解してくれている人だということを実感しました。

ビジネスシーンや恋愛、友だちなど、日々、会話することを余儀なくされる私たちですが、会話について見直すべき相手は、もっとも身近な存在である「家族」ではないでしょうか。そして、その家族の中心にいるのが、ほかでもないあなたです。

あたたかい声をかけたり、共感したり、励ましたりすることで、相手の力になりたいと思う気持ちも大事ですが、相手だけじゃなく、あなた自身がまず、言葉によって救われてほしい。

それがこの本の一番の着地点です。

言葉は、人間だけに与えられたツールです。
誰かを幸せにしながらも、あなた自身が救われることを心から願っています。

井上裕之

著者プロフィール

井上裕之（いのうえ・ひろゆき）

歯学博士、経営学博士、医療法人社団いのうえ歯科医院理事長、東京医科歯科大学非常勤講師を含め国内外5大学非常勤（客員）講師、世界初のジョセフ・マーフィー・トラスト公認グランドマスター。1963年北海道生まれ。東京歯科大学大学院修了後、「医師として世界レベルの医療を提供したい」という思いのもと、ニューヨーク大学をはじめペンシルベニア大学、イエテボリ大学などで研鑽を積み、故郷の帯広で開業。その技術は国内外から高く評価されている。報道番組「未来世紀ジパング」にて、最新医療・スピード治療に全国から患者殺到ということで取り上げられる。また本業の傍ら、世界中の自己啓発や、経営プログラム、能力開発を徹底的に学び、ジョセフ・マーフィー博士の「潜在意識」と、経営学の権威ピーター・ドラッカー博士の「ミッション」を統合させた成功哲学を提唱。「価値ある生き方」を伝える講演家として全国を飛び回っている。著書は累計発行部数130万部を突破。実話から生まれたデビュー作『自分で奇跡を起こす方法』（フォレスト出版）は、テレビ番組「奇跡体験! アンビリバボー」で紹介され、大きな反響を呼ぶ。『なぜかすべてうまくいく1%の人だけが実行している45の習慣』（PHP研究所）、『「学び」を「お金」に変える技術』（かんき出版）、『がんばり屋さんのための、心の整理術』（サンクチュアリ出版）、『なぜ、あの人の仕事はいつも早く終わるのか?』『「変われない自分」を一瞬で変える本』（きずな出版）など、ベストセラー多数。

会話が苦手な人のためのすごい伝え方

2019年8月1日　第1刷発行

著　者　　井上裕之

発行人　　櫻井秀勲
発行所　　きずな出版
東京都新宿区白銀町1-13　〒162-0816
電話03-3260-0391　振替00160-2-633551
http://www.kizuna-pub.jp/

協力　　加藤道子・山本櫻子
ブックデザイン　池上幸一
イラスト　加納徳博
印刷・製本　モリモト印刷

ISBN978-4-86663-082-3

きずな出版

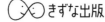

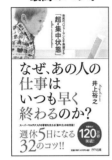

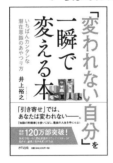